阿斗隨師遊天下 2

文／張光斗　圖／江長芳

推薦序

不斷遇見

資深名作家　蘇偉貞

阿斗是好學生，我是壞學生。

這話要從十年前說起。一九九五年，阿斗推薦我參加農禪寺打精英禪三。我盤算是先答應了反正可以賴，哪知道，出家人不打誑語，鎮賴不掉，阿斗：「多少人等著參加呢！」

一向我是混血主義。對「單一體質」團體本能地排斥，像軍中、醫院、女權團體、學校；軍人、病人、女性主義者、學生；當然，還有，禪寺：出家人。

我相信混血文化的多重性會讓人因為陌生而尊重對方；單一文化因著同質性，除了同類競爭原理，伴隨而來的，往往是因熟悉而來的輕視。所以，一直也就在一切的團體之外。

但既不能辜負更不能失信於阿斗，只得硬著頭皮上了農禪寺。報到後，見到未來三天起居寢室通鋪內排列整齊榻榻米大小的床位，以及種種如禁語、五點半起床早課規矩，軍校出身的我，頓時心涼了一半，「看吧！窮折騰嘛！這種生活你早過過了。」趁亂我摸魚到大門邊公用電話胡亂打出去幾通，不知道恐懼什麼的忙著聯繫。打完電話急吼吼陀螺轉身快步跑，差點撞上人——師父。師父：「這位菩薩還放不下？」我抓到浮木般語無倫次：「阿彌陀佛。我可以請假嗎？」當然不可以。我快快然進入禪期，師父開示、做功課、修行之路三天，我忙著重溫軍校生活，腦子雖放空了，也還是銅牆鐵壁，油鹽不進。只不過離開的時候，我有了果字輩排行的法名。

才以為三天因緣就此結束。不久，機緣來到。一九九六年九月，將我薦進師父門下的阿斗邀我「侍候」師父主持《不一樣的聲音》，遠兜遠轉，從而展開我伴主持生涯。我不解的是，師父辛苦主持電視節目只為了弘法，要明白，錄影時間之長，狀況之多，需要極大修養與體力。我依舊銅牆鐵壁，只多了一樣，扮演橋樑角色。仍是無機體個性，能做的，不過在來賓與師父間串場遞話，也只能做到這樣程度。

錄影的日子，常要花掉一整天時間，而且電視台各方人馬雜處，並不單純，但只要師父進入攝影棚，他總流露如童蒙的好奇純淨，微笑且篤定地望著苦等錄影的電視劇演員、綜藝節目藝人，他行走過處空氣如被點穴般突然沉靜，大家默默注視他如神。

攝影棚裡，彷彿天生就該吃這行飯，師父且從不忘詞、不吃螺絲、全神貫注、賣相佳……，就像最稱職的演員，應該得到尊崇。我親眼目睹不斷有人在他錄影休息中場，走到他前面頂禮膜拜，他就像持花擎寶的佛，如如不動，對這一切充滿哀矜與了然，雍容樸素。

在膜拜師父的人裡頭，最讓我感受深的，就是阿斗，我雖在遙遠之外，但以我對電視行業的了解，企畫、送審、擬訂議題、邀來賓、敲錄影棚、爭取播出時段等等，其實是伊於胡底的循環線，但他總是極忙並且呵呵笑著以對；亦非我們一般說的把節目當功德來做，他是把節目當事業來做，把師父的事當自己的一生來面對。

我想阿斗是喜歡修行的。但最難的部分，我以為在於阿斗並不是一個出世的人，他有入世的一面，兩者形成的張力，卻因此成為他作品中最吸引人的地方。就像他的隨師記行，裡頭肯定有著人的反應、觀察、脾氣、好惡、溫度……，也有修行善與溫良的一面。三年時間，墨西哥、中國、蘇聯、新加坡、溫哥華、以色列、約旦、澳洲、紐約……，恁誰都感覺累吧？他動了氣又消再動再消，人世的深度大約便在那裡，書的厚度也就在那裡。所以阿斗是好學生，貪心眷戀且單純地跟著師父，而我們有不少從農禪寺出來者，常放棄了自己，也放棄了讓自己有成為更好的人的可能。

我想到這些年，距離一切更遠，但偶然也有接近的時候。幾年前，我的一位好友因為工作需要，必須訪問師父，但這豈容易，結果我在一個台北下雨的深夜，撥電話到紐約，轉了幾道，師父居然真的來接電話，而且答應了。師父在那頭問我：「你那裡好像很吵。」我走到門口老實說：「因為是ＰＵＢ。」我不願意騙師父。師父直言：「常喝酒對身體不好。」沒過過這種生活，但他一切都明白。雨水將我整個人打得濕透，師父的聲音如此遙遠如此近，我不知道為什麼一直流淚。不！我知道。

我總在師父四周。二〇〇三年我上山西五台山，在那裡，我凝神師父與寺裡方丈的合照，師父開示的錄音帶在寺裡循環播放於山間迴響：「原來師父在這裡。」二〇〇四年底，廣州光孝寺，師父的身影亦在那裡浮動。寺裡重建正殿，認養一塊磚或瓦可以在上頭寫字求安平，我心想這是雙重親近了，於是我認養了一塊瓦，在瓦片上鄭重寫下：身在常在。從沒有一刻我如此安心篤定。

那一刻，我突然明白，為什麼阿斗一次又一次跟隨師父到各地弘法、巡禮，人生實難，安心完滿，毋寧是可遇不可求的狀態。

而我們，亦步亦趨跟著阿斗隨行師父，在人生裡不斷遇見，我想，這就是一切了。

推薦序

最眞實、最細微才最珍貴

滾石文化董事長

全世界的爵士音樂迷，都喜歡 Billie Holiday，喜歡聽她藍色的歌聲，聽她歷經滄桑的低沉啜音。Billie Holiday 在美國爵士音樂界的地位，一如貓王或是 Frank Sinatra 在美國流行音樂界備受尊崇、極受愛戴。Billie Holiday 被美國人尊稱為爵士音樂的第一夫人—「Lady」。但是，Billie Holiday 充滿悲劇性的傳奇人生，總是被披上一層神祕的色彩，很少人能真正地瞭解她，深入她內心底層孤獨寂寞的世界。

一九九四年，Donald Clarke，這位編撰企鵝版流行音樂百科全書（*The Penguin Encyclopedia of Popular Music*）的傑出作家出版了 *Wishing on the Moon-The Life and Times of Billie Holiday* 這本厚達四百六十頁的巨著。

Donald Clarke 從一九七〇年起便開始大量採集有關 Billie 的

資料，訪問過無數與 Billie 短暫的四十四歲生命歷程中有過交集的小市民及大人物。

Wishing on the Moon 甫一推出，就立即引起震撼，這本被英、美各大報紙評為最能忠實反映 Billie 真實人生的傳記式作品，終於讓這位被神祕及傳奇化的爵士女歌手還原為偉大的平凡人物。

Donald Clarke 用簡單而直接的述事手法及文字方式，使 Billie 活生生地真實再現，讓美國社會大眾開始瞭解，只有這樣的一個人才能用生命唱出那些動人的歌。

讀阿斗的隨師記行，我花了一上午看完，讓我想起了 Billie Holiday、Donald Clarke 和 *Wishing on the Moon* 這本書。

佛法很有用，但是，有人總是認為它不太容易親近及理解。法鼓山的願景與理念跟有些道場不一樣，也需要更多的人，不管是信眾或是非信眾，都能真正地深刻體驗。師父弘法的悲願很真實，但不需要被神化及傳奇化。阿斗坦率、真誠地流水帳式的書寫方式與 Donald Clarke 毫無遮掩、單刀直入的文字風格因為個性相同，因而同樣感人而引人入勝。Donald Clarke 讓 Billie 從謠言、傳奇的神祕氣氛中解脫。阿斗也使佛法、法鼓山或是師父能與生活作緊密的結合，這本書中的每一個故事、每一個歷程，都能產生平淡但是極有意義的啟示——佛法、法鼓山、師父或是書中的每一個人物都很偉大，但卻也很真實平凡。阿斗的隨師記行，應該可以讓人產生一些覺悟，原來，我們眼中所有看到的偉大的表象，其實都是平凡的生命中無數細微的生活中的累積，這才是最珍貴也最真實的。

阿斗，為我們留下的正是這些。

Donald Clarke 的 *Wishing on the Moon* 使美國人想像中的 Billie 現身為真實的 Billie；阿斗的隨師記行，同樣地也使大家想像中的佛法、法鼓山及師父返璞歸真而更真實自然，使大家能從另一個方式親近及學習佛法。這是我讀阿斗隨師記行的感動與感想。

推薦序

熱情、簡單、理想性

資深媒體工作者 黃晴雯

從天涯海角的隨師與鍥而不捨的點燈，可以很清楚看到張光斗先生這個人：熱情、簡單、理想性！

在傳播界浪來浪去二十多年，他還是一身樸實輕便、一心慈悲自在，有所為、有所不為，這讓他身無長物，卻也讓他廣結善緣，贏得許多由衷的尊敬和真誠的情誼！

從點燈節目的受訪對象到主持人，我看到張先生以擇善固執的阿Q精神，捍衛著這股商業電視中的清流；身為資深製作人的他，豈不知自掏腰包的窘困與媒體人情的冷暖？他堅持在台灣社會點燈，因為他知道：沉默的多數人，需要這樣的光與熱，更甚於八卦新聞和嬉笑怒罵！

《阿斗隨師遊天下2》又是源於一份怎樣的堅持呢？張先生分享他隨師的經驗時曾經提到，最初有幸跟隨記錄聖嚴法師行腳時，多是秉持一份對法師德行的恭敬心，仍未全然放下一個媒體人的傲慢、瞋怒；然而，在法師的言行與智慧中，他慢慢發現了一個更圓融的自己、更圓滿的人生；這份歡喜，讓他意識到與眾人分享、為後人立言的重要性，於是又發下了「終生追隨、點滴作記」的大願！

於是，我們看到了一個時下媒體人少有的謙卑和恭敬！張先生以絕不花俏的文字與方式，詳實記錄他隨師的經過，穿插他個人的心靈對話，讓我們體悟到：縮小自己，世界變得更好、更大！

而且，我們也看到了一座連接禪修與生活的橋樑！也許是一則小故事、一個小插圖，也許是一個遙遠陌生的國度，透過張先生深入淺出的筆觸，我們感受到一個學生隨師的求知若渴與歡喜，更能從而開啟一些超越宗教與一般生活經驗的人生智慧！

從一個好友的眼睛來看張光斗，我有敬佩與支持；從一個媒體人的眼睛來看《阿斗隨師遊天下2》，我有感動與收穫！在紅塵的悲喜與眩惑中，我慶幸有這樣熱情、簡單、理想性的人與書！

推薦序

閱讀本書，將舞動我們新世代

——「展開夢想的翅膀，翱翔希望的海洋」

安安免費教學網站 站長 沈芯菱

張叔叔的著作，一向力求文字淺明易讀，內容深入淺出，對於想一窺菩薩多樣智慧，以及潛心修行的同好們，本書有如聖嚴法師面授之珍貴開示。張叔叔自一九九五年開始「阿斗隨師遊天下」，記實著世界宗教家——聖嚴法師弘法的足跡，遍及亞洲、歐洲及美洲各國，甚至深入東歐。並將法師在海外弘法的歷程拍成記錄影片及著作，如此宏觀的國際視野，是眼前我們莘莘學子，心靈上所缺乏的食糧與精神上迷失的力量。本書深似知識的泉源，將啟動我們的希望。以下略舉五點深值得推薦之緣由：

一、從「心」啟動的愛——本書蘊涵當代宗教大師——聖嚴法師潛移默化的智慧。讓廣大年輕學子有更寬闊的格局去看這美妙的世界，愛護著這世上的萬物；關心這社會不再是少數人的事，而是要眾人一同參與的事。「善的真諦，是彼此關懷信息，愛的反面就是仇恨與漠不關心。」即使富有高貴，滿腹學問，內心若沒憐憫之心、關懷之情，任誰也抵達不了佛陀殿堂，書中的寓意，就是要我們用溫仁敦厚的心，從關懷身邊的人們做起！

二、良師益友相伴——年輕的我們可以婉拒任何宗教、意識型態和所有約定俗成的觀念，卻絕對無法逃脫學習與成長的必要性。當我們的價值觀仍被定格在考試、成績等制式化漫長求學過程中，心中的無知、徬徨、憎恨、自卑等困境，將透過作者通俗生活化演繹和輕鬆的筆調一同「行腳天下」，開拓我們的新境界，感受不同的聲音，不同的思維。以最效率的時間增進無窮的新知，指引成長生活中的我們，應用「中庸之道」和「自然定律」提昇生命的價值，超越窘境以積極熱愛生命；解脫煩惱桎梏以透徹自我的心性，為迎接美麗人生而努力！

三、展開智慧之門——讓我們年輕的心，能見賢思齊、見善嚮往；溫順柔美卻持有俠義心腸；凡事清靜自在，而不被外界環境所駕馭，踏實開朗做自己前進的主人。

如此「佛」的禪意，即會有很好的巧妙，我認為佛在新生輩中應可分為兩個階段：「過去佛」，是艱深苦澀的，談起容易行之困難。除非有慧根的人，或有佛緣的人，方能領會菩薩之奧妙。然而「現代佛」則是在佛理萬分之中，擷取一兩分啟發，進而誠懇的敬愛我們的師長，孝順我們的父母，善待我們的朋友，如此個個便是生活中「小菩薩」。而菩薩緣自印度梵文 budhi-sattva 的譯音，全譯是「菩提薩埵」，意思是「覺有情」。無非要我們人世間以善為念，以愛為懷，愈是淺顯的道理，愈是佛理，亦是本書淺顯易懂的可貴之處。

四、性情中人的勇者——自電視媒體解禁後，衛星電視台的急速增加，讓民眾們有更多節目選擇，但這卻換來政爭、犯罪、緋聞、八卦、迷信、不倫等新聞成了媒體主流。眼前為講究速度、聳動，而犧牲品質達到效果的手法，使人民正面臨著媒體趨向弱智、失落的嚴重衝擊！然而在眾多節目製作中，少有以「愛的使命」守護著社會的和諧，堅持人性的關懷。但作者數十年一步一腳印，歷經多重艱難，製作長達十年之久的「點燈」節目與製播九年的「不一樣的聲音」節目。可為廣大的眾生，留住了一片純淨的天空，用行動為黑暗角落點亮起無垠光明！作者崇高的理想、堅固的信念、勇於開創的胸襟，正是新生代學習之榜樣。

五、平凡中的偉人——菩薩是在紅塵中澆息熱惱灼火，在迷途中指路點燈，至真的智慧，至善的慈悲……。有此榮幸受邀與聖嚴法師在《不一樣的聲音》兩集的智慧對談，師父給予十五歲的我，很不一樣的思維，深感到師父有山高的修為，海深的智慧。在師父的言談中，菩薩彷佛是生活的實踐、心靈的淨化、自我的成長，也可以是圓融在生活中的一門學問。

最後相信只要有心閱讀本書，自可從中學習到三慧：聞慧（惜福惜緣信因果）、思慧（心靜如水思清澈）、修慧（樂業善舉智慧用）！「賞文渾似學參禪，感動何須句萬千」，誠摯摘錄大師所言四則，為我們每一顆年輕的心喝采，祝福讀者：歡喜自在的翱翔在智慧海洋！

要在安定之中求富足，又在鍛鍊中見其莊嚴。
要在沉默之中求智慧，又在活躍中見其悲願。
要在平淡之中求進步，又在艱苦中見其光輝。
要在和諧之中求發展，又在努力中見其希望。

自序

二〇〇四年十二月底，依照原訂計畫前往紐約象罔拍攝師父主持默照禪七的開示。

《阿斗隨師遊天下2》的原稿被我隨身帶著，我必須在七天內抽空做校對的工作。

師父忙著帶禪七，也忙著自己的一本部頭書，卻還關心我出書之事。師父以「先睹為快」為名，把我的原稿抱走了。才不過兩天，師父居然都看完了。

我有些惶恐，因為心裡明白，一些粗糙、鄙俗的文字很可能會捱師父的罵。沒想到，師父給了我正面的評價與鼓勵不說，還親筆替我勘正了一些謬誤之處，同時還指出有一部分「心情點滴」與前文無法照應的缺失……。

三十日晚上開示時，師父向禪眾們介紹我在寫書一事。師父說，我在書中數次提及師父又老、又累、又病，還不得不四處奔波弘法，實在非常可憐。師父說，我替他可憐是我的事，他自己才不是這麼認為。師父輕鬆愉快的指著自己道，他很喜歡自己身體這麼差，年記這麼大了，還能「廢物利用」，真是很值得，也賺到了。

禪堂裡，一百二十多位男女禪眾在師父輕鬆幽默的話語中笑成了一片；笑聲止住後，我相信他們會和我一樣的回味師父話中的真正涵義。

這本書收集了近四年來，在《人生》雜誌中連載的「隨師記行」專欄的文字，附加上一些後敘的「心情點滴」而成。如今重新審視，許多浮光掠影的淺顯文字並沒有把當時的心境表達完整，充其量只是不及格的記錄而已。

感謝法鼓文化沒有嫌棄，在出版界一片不景氣的歎息聲中還敢鼓足勇氣出版這本拙作。但願千萬不要賠錢才好。

另外，也要感謝幾位新、舊、老、小朋友為我寫序，但願他們日後也不要後悔才好。

現在，由我自己充當司儀正式宣布：《阿斗隨師遊天下2》正式登場了！

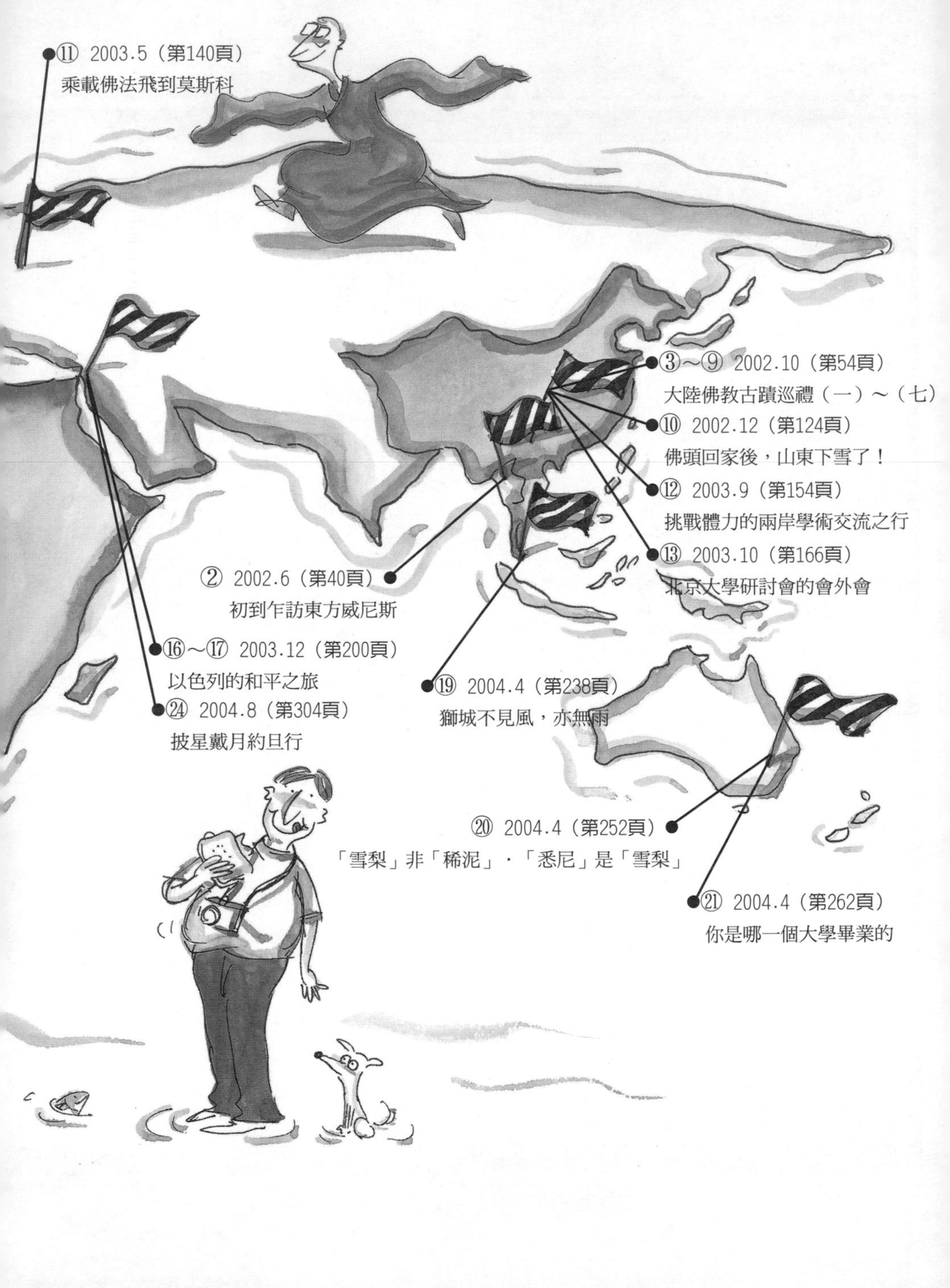
⑪ 2003.5（第140頁）
乘載佛法飛到莫斯科
③～⑨ 2002.10（第54頁）
大陸佛教古蹟巡禮（一）～（七）
⑩ 2002.12（第124頁）
佛頭回家後，山東下雪了！
⑫ 2003.9（第154頁）
挑戰體力的兩岸學術交流之行
⑬ 2003.10（第166頁）
北京大學研討會的會外會
② 2002.6（第40頁）
初到乍訪東方威尼斯
⑯～⑰ 2003.12（第200頁）
以色列的和平之旅
⑲ 2004.4（第238頁）
獅城不見風，亦無雨
㉔ 2004.8（第304頁）
披星戴月約旦行
⑳ 2004.4（第252頁）
「雪梨」非「稀泥」・「悉尼」是「雪梨」
㉑ 2004.4（第262頁）
你是哪一個大學畢業的

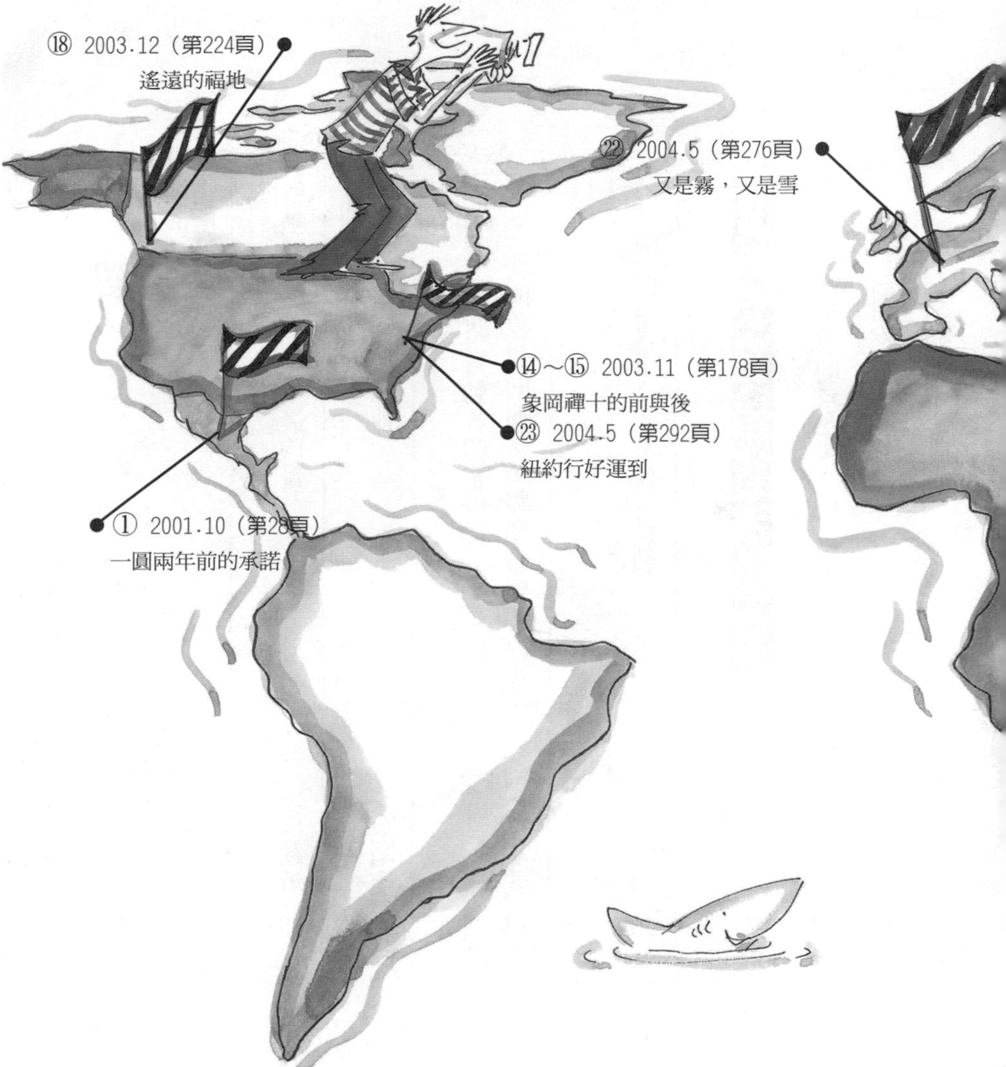

2001.10～2004.8
阿斗隨師遊天下2 全球行腳圖

目錄

第三部：二〇〇四年 237

第一部

2001~2002 年

二〇〇一年十月二十四日至十一月一日

一圓兩年前的承諾

——聖嚴法師墨西哥弘法之行

海浪聲不斷地衝擊著耳膜，
抬頭望天，不僅滿天星子不斷對你眨眼，
還有螢火蟲也來湊熱鬧，飛得頂高！
「玉海」，是師父在墨西哥
主持禪七的一塊福地。
師父曾經答應於一九九九年前往墨國；
但因身體不適，取消了弘法行程。
時過兩年多，師父終於來到了墨西哥。
如此一來，也算是圓滿了信眾的心願。

你有「老墨」（墨西哥人）的朋友嗎？

我有！而且是不久前才結識的！

你去過墨西哥嗎？

我有！而且是不久前才去過的！

墨西哥是個很遙遠，卻又令你熟悉的國度。

遙遠？沒錯，從台北搭機飛往東京、洛杉磯後，需再轉機進去，加上中間候機的時間，反正超過二十四個小時就對了！

熟悉？沒錯！散落在公路旁低矮的水泥屋與鐵皮做頂搭的房子，可以讓你有所錯覺，好像身在台東、花蓮的山地鄉，也好像身在菲律賓的城鄉之間……。

二〇〇一年十月二十四日，我與攝影師小郭就這麼抵達了墨西哥瀕臨太平洋的度假勝地——威雅塔。出了機場，再搭了一個半小時的計程車（車資一百美元），我們總算踏上了目的地——「玉海」的泥土。

雖然海浪聲不斷地衝擊著耳膜，但夜幕低垂，再加上時差的擾亂，「玉海」的模樣真的是摸不透！當然，抬頭望天就不一樣，不僅滿天星子不斷對你眨眼，還有螢火蟲也來湊熱鬧，飛得頂高，真的！

絕對不騙你！

「玉海」，是聖嚴師父在墨西哥主持禪七的一塊福地。

深被秀麗的風光吸引

早在半年前，紐約東初禪寺的果元法師就來信，問我要不要先從台北飛紐約，與師父會合之後再一同前往墨西哥？如果是六、七年前的我，肯定會連聲稱諾，依約前往；但跟隨師父多年，好歹已不算是「菜鳥」了，我回信道，用不著再花那麼大的力氣飛去美國東岸，為了省錢、省精力，我寧願從西岸自行前往「玉海」。自以為聰明的結果，便是自責與懊惱！

我與小郭是在晚上七點多到的，師父卻因航班問題，預定在半夜一點多才能抵達。當天用過晚飯、洗完澡，躺在有如度假小村的溫暖床鋪上，我跟小郭說，是不是應該拍攝師父於深夜下車的畫面？小郭稱是。

於是，我們就躺在床上等待著。不過，等到睜開眼睛時，已是次日清晨六時。

有點惶恐，外帶不好意思，我忐忑不安的思慮著：不知道該用哪一號表情見師父？用過早飯，我與小郭被「玉海」秀麗的風光所吸引，迫不急待地用腳踢踩在前撲後擁的浪花與細柔的砂灘上。

等到回頭踏上「玉海」屋前的台階，不經意的抬頭，俄然發現師父站在陽台上，正拿著相機對著我們。我不知道小郭笑得可不可愛，我自己的表情必然是很僵硬、很石膏；就算是勉強笑著，牙齒也肯定沒有露出來。

師父說，他們的計程車是在半夜兩點半才駛進「玉海」。我問師父，在飛機上是否好好休息了？畢竟商務艙的位置會稍微舒適些；師父答道，他坐的是經濟艙，因為商務艙沒有空位。

師父說話的口吻，有如雲淡風輕地與己無關。但我知道這對其他道場的法師來說，是不太可能的事。我曾在香港機場過境時，看見一位法師的身旁有好幾位出家弟子簇擁著，比較之下，師父的身邊只有果元法師一位侍者。果元法師事實上也另有任務，要統領參加禪七的菩薩們打坐、做功課……。

師父說，不願多帶弟子於身邊，一來是為了節省經費，二來是避免替主辦單位增添接待的困擾。師父還笑著指著我道，所以才要我也「兼差」替他做飯。

師父不提做飯的事還好，我俄然想起，師父深夜抵達，起碼應該為他熱一杯牛奶才對；還有，次日的早餐我也沒有照料到，是果元法師準備的。為了掩飾心中的不安與愧疚，我在中飯為師父燒了兩樣菜，師父頻頻搖頭，直說一個菜就夠了，多了吃不完要浪費的。

師父的寮房就在禪堂的樓上，緊挨著海邊，不管漲潮或退潮，海浪拍岸的波濤聲十分雄偉，從來就沒有歇息過。做飯時，我順口詢問師父，夜晚會不會被干擾得睡不安妥？師父說，剛開始睡不著，後來把浪濤聲與呼吸的韻律合而為一，也就酣然入夢了。

圓滿兩地信眾的心願

提到夢，師父說他做了一個夢，夢到五十多年前，他搭乘登陸艇離開大陸前往台灣的那一幕。師父說，當年沿途一直聽著海浪拍打船身的聲音，船身也震得非常厲害。

我不知道師父在夢中，是否再度看到與他同舟共渡的同儕們？那時的師父，不知是否也有不安？也有憂愁？

除了海浪聲太大之外，「玉海」真的是個風光明媚的樂土。「玉海」的主人蘿拉是師父的弟子，也是這次禪七的發起人。蘿拉在一九七〇年代就開始跟隨日本臨濟宗的僧人學佛，但總因無法深入而焦慮著。

直到一九九三年，她透過朋友介紹，前往紐約東初禪寺參加了師父主持的禪七之後，才慶幸終於覓得了心儀已久的正法。當時蘿拉就發了願，希望有一天能邀請師父到墨西哥弘法。

經過數年的等待，師父一度答應於一九九九年前往墨國；但是，適因身體不適，該年取消了馬來西亞與墨西哥的弘法行程，只去新加坡與德國。時過兩年多，師父於二〇〇一年上半年去了馬來西亞，又於下半年去了墨西哥。師父說，如此一來，也算是圓滿了兩地信眾的心願。

「玉海」是處在面對太平洋的一個海灣，八百年前是印地安人居住的部落，後來也成了他們百年後棲身的墳場。五百年前，此地一度變成海盜的大本營，如今海灣就叫做「印地安人海灣」。

參加這次禪七者共有四十多位信眾，除了少數來自美國的菩薩之外，大多是「老墨」。蘿拉是位熱情洋溢，又精力旺盛的修行人。她除了要指揮助手們安置好四十多位菩薩的飲食住臥等諸多問題外，還要負責師父開示時，將英文翻譯成西班牙文的工作。

蘿拉的助手們也都很可愛，兩位經理泰莉莎與露易莎皆非常友善，連主廚瑪莉與頑皮的辛西亞都成了我的好友，經常塞東西給我吃。辛西亞與她的丈夫利基還送我禮物，並一再要我日後再去看他們。回來後，本想發「伊媚兒」給他們，卻怎麼也發不出去。

墨西哥禪修聖地

「玉海」的人們都有如家人一般貼心、熱情，就連他們飼養的狗也很有意思。尤其是一隻叫瑪雅的雌犬，特別愛去浪裡戲水，只要有人出門，牠總一馬當先跑在前面。

有天上午，師父想去海灘散步，瑪雅又當仁不讓跑在前面充當嚮導。牠快速衝到海裡，背對海浪、面對師父，還不停搖著尾巴，意思像是說：「別怕呀！學我這樣下來玩呀！」師父只對牠招招手，當然沒有下海戲浪；瑪雅不慍不火的走回去，跟著師父，還不停抬頭看著師父；說不定，牠心中又會想：「法師呀法師，難得來一趟，為什麼不下水玩呢？」我倒是下水了一次，可是瑪雅沒有理我。我只有獨自在沙灘上抓螃蟹，指頭還被蟹螯扎了一個洞。

因行程匆忙，來不及在機場兌換墨幣，我也就不曾興起過出外冒險的念頭。有一次，師父問我換錢沒有？我搖搖頭。師父說他換了，問我需不需要？我連連搖手。

師父心細如髮，行事有條有理；相形之下，我這個粗心大意、瞻前不顧後的弟子真的是讓師父多傷好多腦筋。

臨走前，蘿拉不但堅持不收我與小郭的食宿費，還額外贈送我們紀念品。我問師父怎麼辦？師父說，那就客隨主便啦！

不要笑我現實。我真的喜歡墨西哥……喔！不！應該說是有師父高徒蘿拉當家的墨西哥禪修聖地——玉海。

心情點滴

墨西哥

綜觀跟過師父去過的這許多地方，墨西哥的「玉海」可說是最具渡假氣氛，最是景色怡人，身心都得以放鬆的觀光勝地。

打禪七的建築依山傍海。漲潮的時候，必須循著泥土地，沿著高大窈窕的椰子林，才能進入。退潮之際，從一樓游泳池畔的一溜階梯走下去，就是石塊磊磊的海岸；踩著大小不一的石頭向右行去，不到五分鐘，就是整片細砂鋪成的海灘。這片海灘既寬且長，細砂細微之至，赤腳走在上面極其舒適。海灘邊上蓋有一落一落的草棚與透空的木搭餐廳。

我每天清晨在清洗好師父用完的餐具之後，就趁著退潮的機會往沙灘走去。才不過七點來鐘，睡眼依然朦朧的「老墨」們開始打掃清潔；

也許是睡意未褪吧，他們往往把音響開得聲大如雷，不是森巴舞曲就是探戈；往往，拿著掃帚的女郎突然隨著音響的旋律扭動起身軀，一旁的同伴隨之賞以尖叫聲與口哨聲……。我心想，幸好咱們的禪堂座落得遠遠的，加上有轟隆的波濤聲做「保護」，否則一旦暮色四合，火把點燃之後，這些樂天「老墨」的狂歡噪音，豈不毀了咱們清修聖地的寧靜與清涼？

有一天，我們走過幾間草棚，師父自行選了一間進去，包括「瑪雅」、小郭和我都趕緊跟上；等到挑好兩粒椰子之後，我才發現為我們剖開椰子的老翁身後有一老嫗，老嫗的懷裡有一十來歲的孩子，孩子的眼神呆滯而且不住搖動著頭部；胸口的衣服顯然是被口水浸濕了一大塊。於是，我恍然大悟！原來師父選中這間草棚是有道理的。

墨西哥之行的終點自然是機場。我與攝影師小郭飛往洛杉磯再轉機回台，師父與果元法師先到墨西哥城，再轉機飛回紐約。我們的飛機約略比師父的晚半小時，所以才得以在登機門外「目送」師父進入機艙。

也許師父知道我淚腺過於發達；也許師父知道我最怕送行一幕（所以我一向喜歡去機場接人，而不「習慣」去機場送人），所以，師父在登機前問我會不會哭。事實上，我是有那麼一點「意思」捨不得與師父分離，但經過師父這麼一問，我反而努力把小眼睜大，拚命搖頭；可是師父這一次也真奇怪，因為過去的他都是說完再見就進關，然後不回頭的……，偏偏，師父這次回頭了，不僅眼角與嘴角都有笑意，還用手指指了自己的眼睛……。唉！知道下一個鏡頭是什麼嗎？……我想笑，但笑不出來，於是我只能回頭──換了我只能回頭，不敢再看師父……。

說真的！我真的不愛去機場送人！尤其是送師父。

初到午訪東方威尼斯

二〇〇二年六月十日至十七日

師父參加「世界宗教暨精神領袖和平理事會」，
促成我與攝影師前往泰國的機緣。
此行，師父的演講簡潔有力，擲地有聲，
造成熱烈的迴響！
與會者認為「心靈環保」理念，
值得聯合國會員們深思、效行。
而隨行的法師們各盡其職，
護法居士們也別有用心地
為師父安排一趟曼谷河景之行。

泰國是個佛教國家，廟宇多如繁星且各具特色。曾聽人說泰國民風保守知足，溫文不火，且生活節奏緩慢，是個修行的好地方。而首都曼谷素有「東方威尼斯」之稱，景色與人文景觀亦是相當豐富的。

而我，在曼谷機場過境不下五次，卻從未有機緣入境過。

二〇〇二年六月十日至十七日，師父在此參加「世界宗教暨精神領袖和平理事會」，也促成我首次踏上泰國國度的機緣。我與攝影師陳漢良帶著ENG攝影器材，聲勢浩大地成了師父的「大包袱」。

十日清晨入桃園機場海關，一眼見到師父與多位常住法師已於海關櫃檯邊研商要事。當時，師父遠從美國紐約搭機飛來，肯定已是疲憊非常。數小時後，飛機才停妥在曼谷機場的空橋，我與阿良剛回頭拿起隨身行李，就發現同行的法師們皆已腳程飛快地前往前艙。我與阿良趕緊往前擠，幸好空服員幫忙，才快速出了艙門。很難為情的，師父與接機的大會接待人員站在走道口，等著我與阿良，嚇得我雙手合十，頻頻道歉。師父露齒一笑，放心地與接機的人群一邊寒暄，一邊邁開大步向前而去。

我屈指一算，師父自紐約至曼谷的行程花了將近二十四小時，旅途的勞頓多少已經顯現在臉上，但是師父的微笑卻不曾消失過。經過一連串歡迎的儀式，師父上了專車，我搭乘裝滿行李的九人座巴士，一行七、八部車子在警車的開道下，駛向住宿的皇家女王公園飯店。

「心靈環保」引起熱烈迴響

曼谷的交通一向以塞車著稱，大會很隆重地為師父準備前導與後押的警車。我坐的行李車也許重量過重，車速快不起來，險些被車隊甩掉，幸好後面的警車放慢車速等候及輕按喇叭催促；託師父的鴻福，我們平安且順利地抵達飯店。

不過，也不要低估了曼谷塞車的威力。就在大會舉行的最後一天，同樣有警車開道，我們從會場回飯店，硬是被塞得動彈不得，一般只花二十分鐘的路程，足足開了一個多小時。於是，我想起了那句話——曼谷是修行的好地方；所謂的「曼谷」，就是「慢」慢地，有如被人與車塞得滿山滿「谷」的地方。

師父被安排在飯店的三十三樓總統套房，有一般房間的六倍大。不過，師父在大會舉行的期間，無法擁有任何隱私——我們多達一、二十件的公共行李都放於此。這還不說，師父的房間成了我們的會議室、吃便當的餐廳、交誼廳……；飯店甚至「善意」地準備了多份預備鑰匙，我們人手一份，師父自己卻是一份也沒有。

身為八位主席團之一的師父，在本次會議的重頭戲，便是十二日在菩陀曼谷大會堂舉行的開幕典禮，第一位上台發表專題演講的人。師父在台上呼籲，世界宗教領袖們應協助聯合國化解宗教、種族和貧窮問題；從而正視環保工作、消弭戰爭、恐怖事件……。師父的演講簡潔有力，擲地有聲，中午休息用餐時間，不少與會者向師父索取演講資料，認為師父的演說內容是當日最有價值的觀點。同樣的，在第二天的分組討論中，師父在環保小組中，闡述了他一向大聲疾呼的「心靈環保」理念，也造成了熱烈的迴響；與會者都認為師父的「心靈環保」，值得讓聯合國的會員們深思、效行。

開幕當天下午，泰國皇太子親臨會場。大會宣布，為了對皇太子表示尊敬，包括攝影師都需穿著西裝進場。我與阿良都穿著方便工作的T恤，怎麼可能臨時去找西裝？在泰國經商的謝文輔師兄與高碧珠師姊靈機一動，由謝師兄開車，前往高師姊家中取西裝，因高師姊的公子身高一八〇以上，絕對適合阿良的尺寸；我樂得坐在另一棟樓的休息室之中，用不著用西裝領帶來束縛自己。但是後來由於安全人員不准攝影師在場內拍攝，就算穿了西裝也不能。於是，阿良與我遙遙相對，找了個沙發就夢起周公了。

晚上，師父一看到我就問：「下午是不是偷溜了？」我哪敢否認，趕緊點頭；師父說，皇太子走了之後，會場內就可以拍攝了。我嘴裡沒說，心裡已在懺悔！

歡喜遇見仁得長老

泰國行活動的第一天，師父在大會堂的演講博得滿堂彩之後，午餐時刻，不少與會者頻頻向師父雙手合十，回應師父演講的內

容。就在我們一行走進餐廳之時，曼谷報恩寺的住持仁得長老（獲泰皇御封為「華宗大尊長」）與弟子數人來找師父，師父一見到仁得長老甚為歡喜；師父透露，早在他留學日本之時，仁得長老便十分關心他求學情況，兩人經常書信往返。

在相會的第二天上午，仁得長老特別邀請師父前往報恩寺參觀，並且共進早齋。同行的法師們與陳嘉男會長、施建昌師兄……等人，對報恩寺的清淨與莊嚴都留下了深刻的印象。

此次泰國之行，包括法師在內的僧俗隨行共有十幾位，其中又以法鼓山香港分會的顧問陳天明最特別。陳師兄專程自香港趕赴曼谷，向當地朋友借調了幾部車子，做為師父與團員們於大會期間使用。他也向師父分析了泰國佛教與皇室、民間的諸多關係。陳師兄的同修鞠立賢師姊也特地由澳洲飛來曼谷，協助照顧。

在大會揭幕的前一天上午，陳師兄特別安排了一個緊湊的行程，陪同師父參觀了皇宮、玉佛寺、臥佛寺、金佛寺。我們在「同情」師父太過操勞、疲累之餘，興起了激勵師父偶爾「翹課」一次的念頭，趁著會議的空檔時間，去看看「東方威尼斯」曼谷的著名河景。結果，「詭計」

得逞，師父居然同意，在六月十三日早上七時出發，前往湄南河一遊。

一行四部車到達東方飯店，隨即在飯店安全人員的帶領下前往河畔。河上大小船隻穿往梭來，很是熱鬧。師父立於河邊，眼光被河中不時騰跳而起的大魚吸引，不但自己拍照，還問阿良拍到了沒有。我們一群人坐在咖啡座喝著陳嘉男會長請的咖啡，師父還走過來，詢問我們都看到魚沒有?後來，有師兄偷偷地問，師父為何這麼喜歡湄南河中生氣活潑的魚隻，並鼓動我去問師父；如果換做以前的我，鐵定會立刻冒冒失失地去問師父，可是這一次，套一句師父說過的話——我才不會上當哩！要問的人請自己去問。

湄南河之行突中斷

依照陳師兄原先的計畫，預定帶著師父去看另一個河段，可是師父卻拒絕了，師父說，他要回聯合國亞太會議中心。既然師父決定如此，四部車兵分兩路，陳師兄帶著兩部車回飯店，我們的攝影車及師父的座車回大會。當車子到達會廳之時，剛好九點剛過，與會者還在大廳中喝咖啡，或是魚貫進場。沒想到，才一進場，師父就被大會人員迎走了。

原來除了美國CNN要專訪師父之外，師父加入的主席團還要將本次大會的宣言一同交給聯合國亞太地區祕書長金學洙。

忙碌了一陣，等到要吃中飯了，我才「斗膽」詢問師父（這一次是我自己想問的）為何急急忙忙地忽然決定要回大會？難道師父未卜先知，已經知道大會人員四處在尋找師父了嗎？師父什麼都沒有說，只是很有玄機地對我一笑！答案，就在那神祕的一笑之中了。至於我與陳師兄慎重策畫的「翹課」詭計，當然也就如此這般畫上了休止符，往後幾天再也無法故技重施。

在曼谷停留的一週中，果品法師是師父的侍者兼祕書；果廣法師每天從早到晚，盯著大會的所有議事詳做筆記，連湄南河之行也搬動不了他；果禪法師奔前跑後，不但聯絡各種事務，還要拍照撰稿傳回台灣，往往一頓飯要分成幾次才能吃完；果耀法師為師父烹調飲食，每天與謝師兄、高師姊採購新鮮的菜蔬，連師父的維他命都追著不忘；師父的翻譯李世娟菩薩在美國貴為教授，但在大會期間也是大小事情鉅細靡遺，細心又幹練。攝影師阿良縱橫全場，師父也盛讚他反應靈敏，機動又努力。相形之下，似乎只有我最「涼」，有吃有喝不說，還在大會現場做自己的功課，完成了一個連續劇的企畫案。

六月十七日一大早，師父在桃園機場的過境旅館休息不到半小時，就下樓舉行記者會。在記者會現場，師父詳盡地回答媒體的問題，一說就快兩個小時；而我，已是眼皮重得快睜不開，巴不得躺在沙發上大睡一覺。

一個星期以來，師父的辛勞與奔波是全團之最，連最後一晚的皈依儀式（有二十幾位曼谷的居士聞風而來）師父也忙到快十一點還不得就寢。就在記者會結束，我向師父頂禮告假，差一點情緒失控，但終究把快冒出眼眶的激動逼了回去。

汽車行駛在高速公路上，阿良在前座睡著了，坐在後面的我，計算著師父還要多久就需要再上飛機飛向紐約。我好像很累，累得有些虛脫，累得回到公司，跌坐在椅子上都不想移動雙腳……。同一時間，師父才要上飛機，而後面還有十多小時的旅程。愕然發覺，我忘了跟師父說一聲：「師父！辛苦了，您真是太辛苦了！」

心情點滴

泰國

這趟曼谷之旅，有兩位非常特別的師兄隨行——施建昌與陳天明。

施師兄護持師父甚久，堪稱法鼓山資歷最深的老悅眾之一（不過年紀並不大）。陳師兄的「大本營」是香港，他在法鼓山應該還算是半新的大菩薩（年紀也是說大不大）。

施師兄經常在法鼓山重要的活動中擔綱重任。舉例說，師父歷年來走訪印度、尼泊爾……，乃至「五百菩薩走江湖」的大陸之行，都是由他規畫、掌理所有的行程。

陳師兄則是出錢動腦，把香港分會注入新的生命。他運用智慧，組織了大量人才投入法鼓山在香港的活動，他自己則遠遠站在眾人之後，不掠任何人之美。

施師兄說話很慢，一向輕聲細語；就算急了，也是紅著一張臉，用他那「滋」、「吃」不分的台南腔國語說：「啊—菩—薩！你枕磨可以仄樣！……」。陳師兄則是快人快語，嗓門頗大，他的廣東腔國語是：「代佬！你賊樣是不行大！……」

施師兄舉家往西移民——加拿大的溫哥華，他自己是溫哥華與台北兩地跑。陳師兄則往南移民——澳洲的墨爾本，他則是墨爾本與香港兩頭趕。

施師兄非常重視法鼓山的傳統，對法鼓山的人、事、物皆瞭若指掌。陳師兄則力主法鼓山要在新的時代中注入新的觀念。

施師兄的頭髮是捲的，短的；陳師兄是粗的，長的。

這兩位南轅北轍的師兄，唯一相同之處是對師父的尊敬，以及對法鼓山的護持。師父只要一個電話、一聲吩咐，他倆都可以隨時放下手上的事業，立刻著手運作。在他倆的心目中，聖嚴師父與法鼓山的分量可以說是凌駕在任何人之上——包括家人在內。

當然，他倆還是有其他的共同點。最起碼，他倆的另一半都是法鼓人，都是師父打都打不走的好弟子。也許就是因為有家人支持，沒有後顧之憂，他倆才能如此發心，如此理直氣壯的協助師父弘揚佛法。

唯一美中不足的是，他倆因為在法鼓山擔任的工作不同而未能成為聯絡密切的「拜把」兄弟。不過，這也沒關係，下一回有機會，我再發揮一下「雞婆」本性，把他倆拉到一起，互相看得更真切一些。

好！「代誌」（事情）就這樣「糕定」（搞定）。

二〇〇二年十月三日

先祖足跡「卡麥拉」

——大陸佛教古蹟巡禮（一）

成員五百人的團體，
從桃園中正機場分四班飛機登機；
飛往香港再分四班飛機至廣州集結；
然後分配房間，
再將團員分配於二十部遊覽車。
僅只是食衣住行便是龐雜的工程，
更遑論旅途中的層層考驗，是如何去應對了。
這一次，法鼓山佛教古蹟巡禮一行五百人，
紮紮實實、順順利利、圓圓滿滿完成了此一不可思議的旅程。

我想，任何曾經參加過觀光團出國旅遊；不！任何搭過飛機出國旅行；甚至，只要有過與一家老小回鄉過年的人，大概都很難想像——成員五百人的團體，從台北出發，到桃園中正機場分四班飛機登機；飛往香港再分四班飛機至廣州集結；然後分配房間，再將團員分配於二十部遊覽車，僅只是食衣住行便是龐雜的工程，更遑論旅途中的層層考驗，是如何去應對了。

這一次，我們法鼓山佛教古蹟巡禮一行五百人，紮紮實實、順順利利、圓圓滿滿完成了此一不可思議的旅程。

旅程的楔子

無論我們抵達任何祖師大德的道場，出來三門迎接聖嚴師父的方丈住持都不住讚歎，該寺從未接待如此浩大、威儀的僧俗團體。

法鼓山僧俗五百位成員，也沒有令法鼓山的清譽蒙羞。無論山路再崎嶇、塵土再飛揚、旅程再勞累，只要一到目的地，分乘二十部車輛的團員火速集結，或快走，或快跑，立刻整隊成行，由師父率領，齊聲誦念佛號，進入寺院。

於是，途中與這個團體接觸過的任何人，都忍不住地口耳相傳，法鼓山究竟是個什麼樣的團體？為什麼紀律如此工整？禮儀如此循正？

這，或許會在日後的法鼓山歷史中，成為一齣美麗的傳說與雋永的佳話。

相對的，那些參與其中的團員們，也許有曾被祖師大德的德行感動而淚流滿面者；也許有曾因身體不適而極度隱忍者；也許有曾共同搭乘一班故障飛機而在九霄雲層中膽顫心驚者；也許有曾看到聖嚴師父體力耗盡，坐在椅子上被抬上數百級的階梯，還因氣喘難平幾乎拿不住麥克風，而心疼哭泣者……。這兩個星期的同一步調、同一呼吸、同一記憶，都是這一生中誰也無法奪走的至寶。

今年已是七十三歲的聖嚴師父，會不會在日後再次率領五百位僧俗弟子行走海外佛教古蹟，我不得而知；但是，正如師父在完成兩週的巡禮之行，抵達香港機場的剎那所說，這麼大的團體，在變數極大的旅途中，得以平安、順利的完成，簡直可以奇蹟來形容。

此時此刻，要想將兩週的點點滴滴拾綴成文，委實是件不容易的工程，只因感動太多，體驗太深，就怕遺漏了哪一處，簡化了哪一點，而讓無緣參與的讀者們體會不到大家的心境。

因此，請容我用日記的方式表達可好？

但願，它不會流於形式的流水帳。

但願，它多少也能讓您有身歷其境的感受。

步出國門的第一難

二〇〇二年十月三日　晴

此次大陸佛教古蹟巡禮團分為A、B兩組，A組是完成大陸之行，於十月十六日直接在香港轉機回台；B組則是再加上十七日，

聆聽師父在香港理工大學的弘法演說，再於十八日回程返台。參加A組的約為二百人有餘，剩下的全部參加了B組的聽經護法團。

吾家同修是A組，我因需要追隨師父前往香港、西雅圖記錄師父的弘法行腳，以備「不一樣的聲音」節目播出，自然是分在B組。同修的飛機是第一班七點二十分，我是第三班九點二十五分，但是我們還是在清晨四點起床，雇車前往桃園機場與團員會合。

除了北美、東南亞……等地的菩薩之外，僅是台灣的團員就須分別搭乘四班飛機前往香港。在出發前的說明會中，就曾有過菩薩因為不願搭乘某家航空公司的班機，而焦躁地對旅行社組申訴。一向雞婆成性的我，安慰那位師姊道，連師父都是坐那一家航空公司的飛機，所以不會有問題的！但是此一師姊執意不肯而大聲吵鬧，甚至放言寧願不去，也不坐那班飛機。令人感佩的是旅行社組的薛菩薩極有耐心地向她說明，還要人帶她去找安排飛機班次的基金會義工研究。我心想，幸虧薛菩薩有如此高妙的修養，如果換做是我，我很可能會大聲回應道：「團體作業既然是事先就已溝通完畢，就不該臨時又出狀況，如果你因不願搭這家航空公司的班機而自願放棄不去，那就請便！而且，現在就可以回家去了！」

事後想想，我不禁汗顏了起來。就如同十六日自廈門飛香港的飛機上，坐在我旁邊的師姊不喝不睡，我不經意地發現她手中緊緊握著佛珠，手還不停地顫抖著，此刻的她，是需要花費多大的勇氣與毅力才能克服搭乘飛機的恐懼？同樣的，那位不能安心而焦慮的師姊，或許同樣的也在極力儲備克服恐懼的能量，才能完成隨師遠行的心願吧！

唉！我真的是太不慈悲了！

或許是我們的團體太過浩大，連航空公司的作業都出了問題；在抵達廣州後，我聽了同修說，第一班飛機忘了準備素食，結果一百位僧俗四眾體諒航空公司的缺失，沒有任何不滿，當然，也放棄了機上原先準備的食物。

以「禪十四」精神啟程

因為工作的關係，我與攝影師陳漢良、企畫胡延凱與聖嚴師父搭乘同一班機。當飛機到達廣州白雲機場後，福建省與廣州的宗教局首長，乃至於遠從北京專程南下的佛協人員皆已守候在貴賓室，以鮮花恭迎師父，並以快速通關的方式禮遇師父。

在公安警車的開道下，師父很快抵達我們下榻於廣州的花園飯店，氣派恢弘的飯店門口高張紅色喜帳，歡迎聖嚴師父的一行到來。一進入師父的套房，兩座以四層花籃架起，有一個半人高的花牌立刻映於眼前，原來是師父的皈依弟子，也就是大陸著名演員張國立所表達的心意。張國立原先計畫親自來廣州迎接師父的，但因上海的拍戲行程耽擱，臨時無法前來，只好以鮮花代替他的恭敬心。師父很高興，以電話向張國立居士再三感謝。

師父略休息之後，便前往光孝寺參訪，同時也與來自全球各地的五百位團員總會師。才到了光孝寺門前的參道，就看到一長排的遊覽車停在看熱鬧的人潮中，像是一條沒有尾巴的長龍。

光孝寺以極隆重的禮儀恭迎師父，據了解，師父此行受到大陸有關當局的高度重視，以所謂國家二級的接待方式，通令所有途經的省份：廣東、湖南、江西、湖北、安徽、福建，以及參訪的二十七座道場寺院。沿途的警車開道是一大關鍵，否則二十輛遊覽車只要有一輛消失在滾滾車海中，我們的行程勢必就受嚴重的影響。而各個寺廟高規格且隆重的接待，不但彰顯聖嚴師父在海內外崇高的地位，也讓包括在下的弟子們沾了師父的光，覺得臉面好像也頓時大了好幾吋，而腳底更像是踩在棉花堆裡，輕飄飄地有些不知自己幾斤幾兩重了。

光孝寺的住持是九十六歲的本煥老法師，老法師看到聖嚴師父極為高興，在致歡迎詞時欲罷不能，而且舌燦蓮花，引得法鼓山的五百位菩薩又是用力鼓掌，又是開心大笑。老法師說，他活到這個年紀，從來不曾看到過人數這麼龐大的團體。他對聖嚴師父也極為推崇，直說師父是名滿中外的大法師，著作等身。他要我們常來玩，常回「家」看看。

當天晚上，假團員下榻的花園飯店舉行了「相見歡」的晚會。師父開示的時候說道，此次成行的五百位菩薩只是幸運，而不見得是重要的。師父說的話真的是話中有話，且語重心長。主持人何美頤師姊感慨地呼籲台下的菩薩說，師父此次花了這麼大的力氣，統領眾人來大陸尋找禪宗祖師們的根源，我們千萬不要辜負師父的期望，一定要以師父所叮嚀的打「禪十四」精神，好好用功，但願十四天之後，師父會認為我們五百位菩薩都能成為法鼓山重要的菩薩。

禪十四的故事，自此才是個起點而已。十四天下來，每天都有不同的境遇與功課，豐沛著五百位菩薩的道心與願力。由聖嚴師父帶領的二〇〇二年大陸佛教古蹟巡禮之行，有歡笑、有淚水、有驚險、有奇聞。

二〇〇二年十月四日

來去匆匆訪南華

——大陸佛教古蹟巡禮（二）

兩週的旅途中，幾乎每到一座禪宗祖庭，
都能聽到當地法師們同聲的讚歎。
讓他們驚奇的是，為何五百位團員，
能夠如此有秩序又有禮儀地集合、解散，
不會出現一般觀光團紛擾、吵雜、嬉鬧的場面。
禮儀環保便是法鼓山「四環」的一個重要項目；
法鼓人以實際的行動，
展現了法鼓山「心靈環保」的具體成果。

多年以來，雖然進出大陸的次數業已無法數清，但是南方大城廣州卻只有一次。憑良心說，僅有一次的廣州之行並未令我留下良好的回憶——擁塞的車輛與污染空氣的摩托車競相行駛，較台北交通更為糟糕。

這一次的廣州經驗，雖然只是短暫的二十四小時不到，卻讓我以為來到了不一樣的廣州。

圓滿方便的「功德箱」

也許適巧大陸正在放長假，一般人不用上班，街上車輛與行人自然減少；但是，真正發揮威力，讓我們一行二十輛遊覽車暢行無阻的大功臣是公安的前導車，以及在每個重要路口為我們開綠燈的公安。

三部警車，一前一中一後護送，聲勢浩大的在廣州市內呼嘯而過；每個路口乃至沿途的群眾，都在指手畫腳地評論我們這支獨特又龐大的隊伍。沒錯！這就是所謂大陸國家二級的接待，拉風之至。

聖嚴師父沒有與我們一同坐在寬敞舒適的大巴士裡；他乘坐的是七人座的旅行車。

六年前的三百人大陸古蹟朝聖，聖嚴師父每天分別登上不一樣的車輛，為的是分乘十部車的菩薩們不會有罣礙，認為師父只坐在一部車內，獨厚一小部分的菩薩。這一次，人數增加了將近一倍，車陣太長，共有二十輛，師父在兩週之內就算每天換一部車坐，也無法滿足實際需求；因此，我自以為是地推論，師父改乘小車是否為的就是避免讓團員們有分別心的錯覺？

此次的行程特殊，每個目的地之間往往要花上三個小時以上的車程；為了解決五百人的「方便」問題，每部遊覽車的後方都設有簡易廁所，我們稱之為「功德箱」。想當然爾，負責清「功德箱」的菩薩就是當然的「功德主」了。

我和一些工作人員為了工作方便，被編排在第一號「慧遠車」。吳宜曄師姊一上車就宣稱，她要在兩週之間「霸佔」「功德箱」，做我們這車的「功德主」。事實證明，被同修施炳煌師兄稱之為「環保小尖兵」的吳師姊果然表現非凡，不但在兩週之內不分任何時間，都把「功德箱」保持得乾淨、衛生又香噴噴（使用不同的香水與除臭液），結束行程之後，並未將「功德箱」捨棄於「終點」後門，而是隨手拎著，經過香港，最後攜回台北。大家佩服之餘，還揶揄吳師姊，此一「功德箱」有歷史價值，應該好好保存，哪一天說不定可以在法鼓山的歷史博物館做永久性地展出。

吳師姊的身體並不好，旅途的第三天就開始感冒，氣色不佳，連走路都提不起力氣。但是，她自始至終不要別人代替她的工作不說，每次看到師父下車，要來一號車「方便」之時，她更是緊張地立即鑽進車後

的「功德室」，快速地加強美化一番。吳師姊與施師兄是法鼓山的大護法，但是，由他們謙遜的言論舉止，絲毫不見一點驕矜之氣，真的是法鼓人讚歎、學習的好榜樣。

提到「功德箱」，自然也不能忘記由王崇忠師兄率領的「行李組」兄們，「功德箱」由他們安裝於每一部遊覽車不說，五百位團員的龐大行李，也都由他們幾位菩薩

妥善管理；往往是團員們顛簸一日，好不容易進入夢鄉之時，他們還要統計、集結行李的件數，不到午夜兩、三點，是絕對回不了房間休息的。王師兄甚至在有一天上午車隊出發前，為了扛著一箱箱的礦泉水分發至各車而嚴重扭傷了腳踝；此傷伴著他跟著師父到西雅圖演講，到紐約開法鼓山北美年會；然後，紅腫依然的腳踝硬是被他八十多公斤的體重拖回西雅圖，才想辦法去唐人街找針灸師父醫治。

法鼓人的感人故事在此兩週的行程中不斷地展現出來。

禪宗搖籃——南華禪寺

二〇〇二年十月四日　晴

本日的第一個目的地是過曲江後的韶關南華禪寺。

南華禪寺是禪宗的發祥地；建於南北朝，至今已有一千五百年的歷史，六祖惠能曾在此弘法三十七年。當我們的車陣抵達亭外的廣場時，早已是萬頭鑽動，由各地來訪的遊客們將廣場擠得水泄不通，當地的公安不斷吹哨子維持秩序，而知客處法師一行與穿著海青的在家居士們也早已排列兩旁，唱誦著佛號，恭迎聖嚴師父的到來。

吾等一行五百人在南華寺過堂，用了午齋。與我們坐在同桌的一位法師歎言道，像今日法鼓山這般盛大的僧俗一團，不但是他長到這麼大第一次看到，也是南華寺不曾出現過的盛景。

兩週的旅途中，幾乎每到一座禪宗祖庭，都能聽到當地法師們同聲的讚歎。他們不僅僅是因為我們人數的壯大而訝異，其實真正讓他們驚奇的是為何五百位團員，能夠如此有秩序又有禮儀地集合、解散、再集合、上車、離去……，而不會出現一般觀光團紛擾、吵雜、嬉鬧……的場面。殊不知，禮儀環保便是我們法鼓山「四環」的一個重要項目；法鼓人以實際的行動，展現了法鼓山「心靈環保」的具體成果。

話雖如此，五百人的行動偶爾還是會受到客觀環境的影響而有所拖延。南華寺的後山古木參天，名勝多處，師父根本沒有多餘的時間稍做盤旋，連著名的卓錫泉的一滴泉水都沒嚐到就火速回頭了。我於途中每每在領隊施建昌師兄的示意下偷偷走到師父身邊，小聲地提醒師父，只剩數分鐘就需上車了；而師父也從未扣斤減兩，立刻果斷地告訴主人，因時間緊迫，必須告辭了。有時我也會不忍，心想，離開任何一座名山古剎，師父不知何年何月才能二度登臨，為何就不能讓師父多停留一刻呢？只不過，念頭歸念頭，我雖名阿斗，但可不敢斗膽造次，隨意更動掌握不易的行程啊！

也許是南華寺的腹地較大，施建昌師兄早在規畫行程時，就已決定在此拍攝五百位團員的團體照。我催趕著師父離開禪意甚濃的後山，來到寺前，與早已列位齊備的團員們共同留影。

老實說，我雖然與工作人員站在前面為團員們攝影，對拍出的照片卻實在不敢寄予厚望；因為……因為……因為人實在太多了嘛，在相片裡，哪能將五百人的每一張臉看得真切？看得明晰？就算沖洗放大，用放大鏡瞧，也許都要很吃力地去辨析誰是誰？誰又不是誰？……或許，對師兄師姊們來說，曾經身在照片中的回憶，要比認出自己身在何處要有意義一些吧？

公安前導入郴州

下午趕至乳源的雲門山大覺禪寺。

師父說，虛雲老和尚當年是用步行，由南華寺走至雲門山大覺禪寺。這一路不知走壞虛雲大師幾雙芒鞋，走上多少時日、晨昏；而我們舒舒服服、浩浩蕩蕩地，有零食飲料相伴，有冷氣空調相隨，輕輕鬆鬆的就到了目的地。

但是我們在大覺禪寺也不能多做停留。為什麼？理由當然是為了趕路囉！

廣東省的公安為我們開路、開綠燈、阻攔任何干擾我們車隊的沿途車輛，直到太陽西斜，進入湖南省境之前，才向我們揮手道別；接棒的是湖南省的公安。

接下來的這一段路十分夠看，按旅行組原先的估計要花上四個小時才能抵達我們當晚的夜宿之地——郴（ㄔㄥ）州的國際大酒店。

湖南的公安很有氣魄，為了替我們節省寶貴的時間，居然領著車隊駛進一段正在興建的高速公路。這段已具雛型的高速公路有不少障礙，有不平的石橋，有剛推平的石子路，中途甚至發生被警車帶到一段此路不通，必須回頭轉道的插曲。不過，我深信，好心的湖南公安的確為了我們節省了許多時間；因為，才出尚未落成的高速公路時天已全黑，轉入一途經的市鎮，便有大貨車、大卡車在雙線行駛的狹窄公路中與我們搶路爭道；就算前後有公安的警車「保護」，也難以抗拒途中硬要「插花」的司機大哥啊！

好不容易穿過這段驚險路段，拐進另一段業已完工的高速公路收費站之後，前面的車輛停了許久，才讓後面的隊伍跟了上來。在黑暗中，車頂上閃亮紅燈的前導警車像是任重道遠的母雞，後面的二十輛遊覽車開著明亮的車燈，像是驚魂甫定，雙眼還心有餘悸的搜尋母雞蹤影的雛雞們。

車隊進了郴州。夜市口的攤販與路邊乘涼的民眾們皆好奇地停下了手中的動作，與相互地交談，將驚奇的眼光投射在我們的身上。

直到二十部遊覽車，五百名團員先後抵達、下車、擠入飯店，才終於結束了一整天舟車勞頓的行程。

二〇〇二年十月五日

煙雨濛濛衡山行

——大陸佛教古蹟巡禮（三）

參訪完畢，雨勢忽然間變大了，
當地領導卻不准師父的座車開至三門之前，
還要求師父走兩百公尺的路去坐車。
師父無法躲開雨水的迸射，
衣服從肩膀以下全都濕透了。
這段路真的好長，我的怒火被雨水愈澆愈大，
也許是氣糊塗了，我大步跨向前，
指著那個領導開罵。
罵完立刻知錯：我犯了口業，
在這塊福地上開口罵人了。

歷史上的郴州，自古以來是兵家必爭之地。夜晚的郴州跟大陸一般內陸那些具備都市型態的城鎮類似，充斥著高樓大廈的巨大投影，還有不甘寂寞的燈飾，在飯館、旅店前閃爍……。

離開的前一晚，為了解決困擾我多日的體內淤塞問題，偷溜出飯店去買水果。才剛買好一些桃子、蘋果、橙子……，天上就開始揮灑起雨點。祖籍湖南的鄺湘霞師姊對郴州自有一分「人不親土親」的感情，她不但以湖南人的身分向小販討價還價，還因為湖南人耿直不太有心眼，直誇小販賣的水果必然是物美價廉。同行的還有鄺師姊的先生徐偉初教授，當徐教授看到雨滴落下時，也不忘多讚美幾句，他說：「湖南果真是好，連此地的老天爺都不忘普降甘霖，為我們洗塵一番。」

雨，卻是下了一整夜，到了第二天清晨老天還是愁著臉，雨點像是湖南倔強的湖南騾子，又粗又密，沒有一點歇息之意。

入福地造口業

十月五日　雨

在雨中尋找所屬的遊覽車並非易事，許多師兄師姊撐著雨傘穿著雨衣，衣服還是被淋濕了。團員們是上午五點半起床，六點早餐，七點出發。濕氣沉滯的郴州彷彿籠罩在一片白色的細網之中，教人無法看得真切。

今天的第一站是衡山，是南嶽之最。衡山山下的祝聖寺是淨土宗的名剎，被尊為「淨土宗第三代祖師」的承遠法師曾是祝聖寺的方丈。

因為山路不好走，我們在衡陽市南嶽鎮外的牌坊換乘了二十餘人可以乘坐的中巴。雨不但執著而任性地下著，倒像潑灑耍賴的孩子胡鬧個沒完沒了。五百位團員在雨中火速集結於寺前，師父在車內整理衣著，等到眾人整隊齊備，師父才被恭迎出來。

祝聖寺前有兩排店舖對列的街道，與寺廟構成為一個ㄩ字型。兩旁的馬路雖然不寬，但是讓兩輛中巴並排行駛倒也並不費事。

此行的難忘插曲在此發生。我也在此古剎之前造下要命的口業。

話說參訪完畢，全體團員先後返回車內，準備離去，前往衡山的下一個景點。聖嚴師父由祝聖寺的住持與法師們護送到三門前，此時的雨勢忽然間變大了。在三門前，卻不見師父座車的影子，只見負責行程安排的薛家師姊與師兄撐著傘站在雨中。我脫口便問薛師姊：「車子呢？」

薛師姊鼻子與眼眶皆因激動而泛紅了，她指著立於一旁乾笑著的當地某單位的一位副領導說：「問他呀！」

這位領導自師父抵達衡山後，便不停地安排這個人與師父合影，或是那群人與師父合照，自己也忙碌地穿梭於相機與師父之間。途中，他的手機也響個不停，連祝聖寺正進行歡迎師父的儀軌中，他還是不斷地接打電話。這種有些脫序的畫面已經讓我起了瞋怒心，我幾次故意用不太愉快的眼神掃描他數遍，但是，很顯然地，這位領導的「權力」好似頗大，他依然我行我素，不僅不見任何人阻止，反倒是許多旁觀的「來賓」不停地與他握手。

顯然地，在師父到三門之前，薛師姊必定已經跟這位領導有過溝通，希望師父的座車能在大雨中前來三門，但是，領導硬是不點頭。等到最後一刻，師父已經要離開了，他不但依然不准師父的座車開至三門之前，甚至還以半開玩笑的口吻說道：「法師（指聖嚴師父）就走路出去坐車吧！（從三門至師父的座車之間有兩百多公尺的距離）順便還可以逛逛街，看看商店……。」

空氣忽然在瞬間凝固了有數秒之久，還是師父打破緘默，忽然開口道：「好！那我們就用走的吧！」

於是，眾人七手八腳地撐傘的撐傘、開路的開路；雖然沿街的商店有一點點屋簷可遮雨，但在雨勢中根本無法讓穿梭其中的師父躲掉雨水的迸射。再加上兩三把大傘都想保護師父不被淋濕，反而讓師父的衣服從肩膀以下全都濕透了。

這段路真的好長好長，我自己的衣服與鞋子也濕了，而怒火更是被雨水愈澆愈大。

好不容易，看到了師父的座車了，師父的車子正好在倒轉，狀似要去接師父，但是，腳程不慢的師父已經走到定點了，座車卻又打轉了回來。

在車縫之間，我看到薛師姊氣急敗壞地向那位領導高聲抗議著，我一方面也許是氣糊塗了，一方面也想支援一些「火力」給薛師姊，於是大步跨向前，指著那個臉上已明顯地有悔意的領導罵道：「你搞清楚沒有？你明明知道我們的師父年歲這麼大，而且後面的行程又這麼趕，如果師父感冒了、病倒了，影響到下面的行程，這個責任你能擔待嗎？而且，我們的師父雖然從不招搖，但是他至世界各國弘法，都有不同的禮遇，你今日如此對待師父，未免有失主人的身分，中國人不是一向都以禮儀之邦自居，不也一向都善待上門的客人的嗎？」也許是一陣搶白得說過了癮，我最後乾脆再補上一句道：「小心我去國台辦告你一狀！」

罵完了，氣也消了一半。大雨中，我沒有閒情逸緻觀察領導的反應，扭頭便走，回到自己的一號車。車上的師兄問我怎麼了，我歎了口氣，立刻知錯！我說：「我犯了口業，在這塊福地上開口罵人了。」

磨鏡台悟禪機

車子在雨中往衡山前進。中午在衡山著名的磨鏡台過堂（用膳）。

磨鏡台是佛教禪宗南宗之祖

源，因為唐代名僧懷讓以「磨磚做鏡」之舉使北宗的馬祖道一頓悟禪機而得名。

到了磨鏡台，雨還是一直沒有減緩的跡象，我擔心師父在隨行的領導「照顧」之下，是否又要淋雨了。施建昌師兄隨後告訴我，那位領導的態度有了一百八十度的改變，不但用車子把師父載至休憩之飯店門口，還滿臉堆滿燦爛如火的笑容，到我們用膳的餐廳來「關懷」大家。

身為領隊的施師兄果然有一套，他不慍不火地與領導打哈哈，化解了上午的不愉快；立於一旁的薛師姊雖然還是嚴肅著一張臉，但是臉上原先突兀的線條已經柔和下來了。而我，遠遠地看到領導在門口與施師兄等人談話，除不免自我解嘲外，也放下心中的一塊石頭，乾脆背轉過身，又添了半碗飯。

師父說過：「有戒可犯是菩薩，無戒可犯是外道。」我雖然沒有資格被稱為菩薩，畢竟造口業就是不對的事，我真心地知道錯了，而且在剩下的行程中時時惕戒自己，千萬不可再犯，否則壞了法鼓山的好名聲不說，也壞了師父的清譽。因此，在往後的旅途中，我有幾次很驚險地幾乎又要舊習再犯，幸好都在最後的一剎那間封住口，隱忍了下來。

哦！真的是阿彌陀佛！

至今我一直沒有勇氣向師父坦白認錯，畢竟開口罵人是修行人最大的忌諱，雖然魯鈍的我至今與修行的道路還橫著有十萬八千里的距離。

善意提醒，歷史重演

哦！對了，我想起了為什麼沒有及時向師父「招供」了。因為，當晚抵長沙，住進長沙神農大酒店後，我又闖了個小禍。

長沙神農大酒店的規模雖然不算小，與我們沿途下榻的諸多五星級飯店相較，並不算特別豪華突出，但是，該飯店從業人員的訓練與專業素養十分到位，吾等五百位團員一股腦地湧進大廳，都在他們得力的疏解方式下，井然有序地魚貫進入電梯，順利地進入自己的房間。此一優異的表現，堪稱兩週來所有飯店之中的第一名。

神農大酒店替師父安排了該酒店的總統套房。總統套房佔地五百多坪，分置兩層；無論隔間、傢俬、陳設……等諸多設計都有相當的水準。師父分批與僧、俗弟子開會之後，也順便導引我們一一指出每個空間的特質與優劣點。等到時鐘走到十一點時，有人擔心師父太勞累，應該休息了，卻又不敢直言，便公推我這一向膽大妄為慣了的「大聲公」向師父傳遞此一訊息；我心想，請師父早點睡覺，培養體力當然是對的，於是二話不說，便上前數步，向師父稟報一番了。不過，我立刻就碰了師父一個軟釘子，師父說：「明天早上七點才『叫早』（Morning call），急什麼急？」

一旁的眾人看我的表情，或是想笑而不敢笑，或是不忍心而眼觀他方。而我，當然是很糗囉！

二〇〇二年十月六日

眞情法鼓人
——大陸佛教古蹟巡禮（四）

為期兩週的巡禮活動，
在師父要求攝心、用功的前提之下，
五百位團員展現出法鼓人
實踐心靈環保的具體成果。
陽光，自路旁樹梢的隙縫中灑進車廂內，
車內的師兄師姊雙手合十，淨心齊念佛號。
於是，就在色彩透明的空氣中，
我的眼睛不聽話的模糊了起來；
這種法鼓人如同一家人般的
真誠、溫煦、熱情的氛圍，
如何能夠讓人壓抑得住激動莫名的胸懷？

十月六日，太陽出來了。

如果沒有雨天的陰霾、濕黏，自然就比較不出晴天的明亮、清爽。很幸運地，從這一天開始，剩下的古蹟巡禮之行再也無風，也無雨。

不過，連續三天以快馬加鞭的速度趕赴各個既定的目的地，五百位師兄、師姊終究還是顯露出難以掩飾的疲態；於是，這一天原來預計要花四個小時前往寧鄉溈山，臨時改成可以從容前往的古麓山寺了。

古麓山寺的住持是現任大陸佛協副會長的聖輝法師，與師父為舊識，法師以極其隆重的大禮來迎接聖嚴師父的到來。自三門開始，將近上千位的出家法師與在家居士守候於參道的兩旁。

舊識相逢倍感溫馨

古麓山寺原為當天行程的第二站。因為行程更改，所以師父與五百位團員可以放慢了腳步，安下了身心，在聖輝法師盛情的接待下，讓大家有了回家的安適與暖意。見到古麓山寺佛學院的芸芸學子，聖嚴師父笑開懷了，不但參觀了佛學院，也應了聖輝法師的殷殷邀約，為久候的佛學院學生做了精闢的開示。

聖輝法師安排了兩間寬敞的房間，擺妥了桌椅，並準備了五百份的礦泉水與水果；中午，大夥也在古麓山寺過堂。我因側身於工作人員的行列中，被安排在另一間客堂中進餐，沒一會兒，廚房現炒的菜一道一道地送上來，樣樣可口、道道好吃，可是，我才吃到一半，鄰座的師父站了起來，說是吃飽了，要去看看佛學院的建設。我們這一桌的師兄們急忙地放下了碗筷，拿起行囊；而我只好以依依不捨的眼光向晶瑩秀美的水果、色香味俱佳的菜色行了「最敬禮」。唉！口腹之欲應該是像我這一般俗人第一項學著放下的功課，可是，為什麼老是在關鍵時刻把持不住？總是會流露出無可救藥的貪婪嘴臉呢？希望那些位知客師不要對我的饞臉涎相留下不好的印象才好；也希望，我能早日取得此門功課的學

分，否則看到師父愈來愈清瘦，而弟子卻一直增肥，這種不夠「協調」的畫面實在不夠好看。

當晚，在下榻的長沙神農酒店，有一場聯誼晚會。說到晚會，倒不能不提到「分享組」了。

分享歡樂與關懷

此次成員五百位的巡禮團，由出家法師與在家居士統領的成長組、祕書組、旅行社組、行李組、分享組、行政組、總務組、場地組、護勤組、醫務組、財務組，乃至於各車車長、副車長，都要各司其職，做好每一個部門負責的工作，只要有一個環節出錯，也許就要衍生出一連串後續的問題了。如今回首檢視，我不能不佩服負責帶頭的法鼓人，他們驚人的行政效率以及應變能力，使得此一盛事得以圓滿落幕，分享組便是其中之一。

為期兩週的巡禮活動，在師父要求攝心、用功的前提之下，五百位團員固然展現出了法鼓人實踐心靈環保的具體成果，但是，此一縱向的修為，也需要橫向的聯誼來做進一步的交流與溝通，才能更深刻地凝聚法鼓人的共識與力量。於是，分享組必須要擔負起此一「催化」法鼓人情感聚集的重責大任。

分享組組長徐偉初師兄是政大財會系的教授，在他那妙語如珠的「註冊商標」之下，也有顆細膩、果斷的心。這一回，榮膺如此緊要的任務，徐師兄像是大學一年級的「新鮮人」一般，不僅勤於與組員史蒂華、何美頤、鄭玫玲、周淑貞、曠湘霞（他的同修）等人開會企畫，而且還抓住任何機會，向資深的法鼓人討教。因此，兩個禮拜下來，前後四次聯誼晚會的氣氛不但掌聲與爆笑乍現，也有令人動容哽咽，甚或激動流淚的場面，讓在場的五百位師兄師姊深切體會出了師父創建法鼓山、創辦法鼓大學、建設人間淨土的弘願與苦心；也使得大家更為珍惜為實現同一個目標、理念所蓄積的熱情與認同。

真情相聚　奉獻尊長

既然提到了「分享組」，也順便再提一個最「迷你」僅有兩位小組成員的「護勤組」。組員是服務於荷蘭銀行的周文進師兄以及來自新加坡的吳一賢師兄。周文進師兄生來就濃眉大眼，威儀十足，許多法鼓人當他的面或是背著他都說他簡直就是達摩祖師的複製品。吳一賢師兄虎背熊腰，走起路來有橫掃千軍之勢。由這兩位師兄來照顧師父旅途的安全，可以說是最為理想的組合。

周文進師兄與蔡麗鳳師姊是法鼓山的模範同修伴侶。他倆曾育有一生來就罹患腦性麻痺的兒子；在嚐盡了照顧兒子的艱辛與苦痛的同時，他倆接觸了佛法，也親近了聖嚴師父與法鼓山。曾經，他倆每晚不能安頓就寢，必須抱著兒子哄搖終夜，否則兒子會啼哭不止；雖說孩子還是在十一歲時安詳往生，周文進師兄與蔡麗鳳師姊卻因此日益精進。我經常在農禪寺、法鼓山看到他們默默地在做義工的身影；我也不時聽說身為護法總會副會長的周師兄常為了關懷海外的法鼓人，飛去了溫哥華、新加坡世界各地；麗鳳師姐在兒子往生後，發願要為所有需要佛法護持的往生者助念，所以也常連日通宵地為識與不識的往生者助念。

吳一賢師兄與黃淑玲師姊是法鼓山在新加坡的大護法，原本一賢師兄與淑玲師姊是要一同參加巡禮團的，但是就在臨行前夕，淑玲師姊被診斷出罹患重疾，需要立即開刀。一賢師兄聞訊後決定取消大陸之行，陪伴淑玲師姊協力抵抗病魔，但是，淑玲師姊堅強地婉拒了，她說，隨同師父前往大陸巡禮名山古剎、親近祖師大德的行儀是莫大的福報，她自己可以面對手術，她一定要一賢師兄如期前往大陸，與師父會合。

那天上午十時，我們正在顛簸的山道趕路，一賢師兄曾私下透露，當下正好是淑玲師姊被推進手術室的時刻。同樣坐在一號車的麗鳳師姊向車長李惠雲師姊建議，讓我們一同誦念藥師如來的佛號來迴向給淑玲師姊，祈求藥師佛能庇佑淑玲師姊手術順利、平安。

陽光，自路旁樹梢的隙縫中灑進車廂內，車內的師兄師姊雙手合十，淨心齊念佛號，巧合的是，聖嚴師父因為趕路，在上了一號車方便之後便沒有下車。於是，就在色彩透明的空氣中，在一賢師兄向師父與師兄姊彎腰行禮答謝之中，我的眼睛又不聽話的模糊了起來；這種法鼓人如同一家人般的真誠、溫煦、熱情的氛圍，如何讓人壓抑得住激動莫名的胸懷？

二〇〇二年十月七日至八日

又上了一課！

——大陸佛教古蹟巡禮（五）

蜿蜒的車隊所捲堆成的煙塵是壯觀的，
沿途的居民紛紛打量著我們
這群意外出現的訪客。
想不到，砂塵中的他們
不忍讓我們看到不耐、埋怨的面容，
反而露齒而笑，靦腆害羞地舉起手來，
向我們揮動。
此行師父一再叮嚀我們，
參訪行程最好的紀念不是旅遊商品，
而是每個人在旅途中學習到的菩提心與智慧心。

十月七日　大晴天

同樣的，大車隊又是一大早自長沙出發，開了兩個多小時，進入湖南瀏陽的金剛鎮。

一大早，雖然瀏陽在朝陽之中早已甦醒，沿途的店門已開，早市的民眾業已群聚，但是，陸陸續續地，在幾戶店家前看到男男女女已經坐在麻將桌上，開始了方城之戰。不都說「一日之計在於晨」嗎？這一大早，不下農地，不上菜場，卻為何就鑽進了算計、爭鬥的麻將牌之中呢？

此一情景，越是在偏僻的鄉鎮就越是會映入眼底。

瀏陽這一帶也是大陸製造炮竹煙火的著名地區。數度迂迴轉進，大車隊揚起了千丈灰塵，駛進了一方臨時填平的廣場，在此，我們要換乘十八人座的小車駛向石霜寺。

感動的是人心

泥土道路凹凸無狀，車輛行走其上，其顛簸的程度可以想像。就在面向道路的山坡上，有一間間不似人住的草蓬泥土房；後來才知道，這是專門存放炮竹煙花用的。據說，當地不時會發生炮竹爆炸的意外，每每死傷不少人；雖然這是危險的產業，但是全大陸的市場需求量非常大，能靠它賺錢，危險就顯得微不足道了。

蜿蜒的車隊所捲堆成的煙塵是壯觀的。沿途路邊皆有民家，居民或是坐在門口，或是立於院中，打量著我們這群意外出現的訪客。是心虛，也是歉意，車內的師兄師姊們不約而同地向他們合掌致歉，揮手致意了起來；想不到的是，砂塵中的他們露齒笑了，先後揮手回應，就連等候在路邊的路人都不忍讓我們看到不耐、埋怨的面容，紛紛泛著笑意，靦腆害羞地舉起手來，向我們揮動。僅僅是這份善意的交流與溝通，立即就激動了車內我們的情緒；有的師姊喃喃道起，如果主客對調，車外的人換做了我們，我們會有如此的胸懷去接納這群擾亂一方寧靜大地的過客嗎？

湖南省的文風自古有名。就在這條崎嶇不平的山路上，就讓人體會出當地居民的素養了。雖然泥土、水泥蓋的房子粗陋無文，但是許多門楣揭貼的春聯卻都饒有趣味。有一戶人家的偏屋居然貼有「大小方便」、「出入平安」的對聯，可想而知的，橫幅不用寫，大夥都說了出來——此屋乃廁所是也。

石霜寺是我國著名禪宗道場，具有一千多年歷史。早在唐代就已名登朝廷，聲動公卿。爾後名僧輩出，成為臨濟宗楊歧派和黃龍派的共同祖庭。石霜寺之所以得名，是因名僧楚圓而來。

為了接待本團五百位僧俗稀客，石霜寺做了大幅的人員與物品的調動。因為中午需在寺內過堂，連在寺後走道上擺設的木桌長條板凳都是自鄰近百姓家中調配而來。及至開飯之時，看到當地信眾端來圓形大臉盆，內有香氣四溢的佳餚，同桌的師兄姊們不禁相視而笑，這是何等令人動容的接待，這也成為大家記憶中最為香甜可口的一頓餐宴。

五十年前的滋味

飯桌上，另有一盤辣味豆腐乳，夾一小塊置入口中，其滋味之美妙不輸歐美高級的起士；我猛一想起，母親於一九四九年隨父親逃難至湖南，產下大姊，母親對豆腐乳情有所鍾不說，就連平日在家烹炒的家常菜，其菜色與滋味幾乎與今日臉盆中的佳餚一般無二。於是，罣礙自內心升起，我急著想找些豆腐乳回去讓母親品嚐；生下大姊時的她只是十六歲的少女，而今七十有一的她已成老嫗；我在想，五十年不曾再去過湖南的她，不知嚐到湖南豆腐乳的一剎那，會是何種心情與味覺。

我厚顏徘徊廚房前，總因難以啟齒而數度打消念頭，爾後，看到一老嫗拄一枴杖，自身邊走過，母親的身影再度浮現於眼前。於是，我下定決心硬著頭皮，向一位在廚房中清理炊俱的婦人開口。婦人反應驚訝，她跟我直言道，無權做此決定，當下領我向一貌似負責人的中年男士報告；很令人臉紅的是，在旁休息的一些人都圍了上來，而我知道，自己的臉皮比什麼都還要紅。

非常意外的，最初與我溝通的婦人在獲得上級同意後，拎出了一大罐豆腐乳；我將人民幣奉上，他們不要，要我自行放入功德

箱。我再三感謝，轉入隔壁尋找功德箱，熱心的婦人在身邊高聲念著，不用這麼多，不用這麼多。

這一大罐（應該用「桶」來形容會更恰當）豆腐乳是由同修攜回台北，我則是與師父經由香港再赴西雅圖與紐約。等我自美國回來，在家中冰箱看到那還剩一大半的豆腐乳時，當然要問同修怎麼回事，為何沒有送回台中給母親嚐一嚐。同修說，母親來台北時吃過了，直說太鹹，同修再說，爸媽年歲已大，食用又辣又鹹的食品是否得當？我，因此而無語。

人生寶貴的一課

我，因此而不得不感激師父給我這個機會又學習了一課——你以為好的東西，對別人不見得是好的；你認為是對的事情，別人或許會認為是錯得離了譜。如今重新審視此事，我更是深切體會出，此次的古蹟巡禮，師父在臨行前一再叮嚀我們，參訪行程最好的紀念不是旅遊商品，而是走入歷代高僧大德為弘法利生的內心世界；最好的禮物，是每個人從旅途中學習的一顆菩提心與智慧心。而我，是該打三十大板的——只為了那一大罐豆腐乳。

師父在石霜寺開示時也特別提及，石霜寺外的左側空地原本是一大片菜田，是要供應寺內日常生活食用的重要田產，但是，這次為了接待我們，寺方硬是將菜田剷平，堆以泥土，好讓乘載我們的數十輛小巴能停放、調頭……。於是，只見師兄、師姊們慚愧地雙手合十了起來，剎那間，大家的念頭想必是相同且相通的——我們究竟是何德何能呀！

十月八日

這一天，發生了另一插曲，再度因此顯露出，五百位團員的龐大隊伍，無分鉅細，不論大小環節，是不容有任何差池的。

我們由湖南的瀏陽開拔至江西南昌吉安市南郊的青原山淨居寺。

大隊人馬照樣是上午七點半出發，抵達青原山已是中午，旅行社組安排大眾先在青原山莊餐廳用餐，然後再步行至山莊左側的淨居寺參訪。

餐廳分了樓上樓下兩層以及左右對稱的大廳來安排我們這五百人。但是，也許是餐廳領班會錯了意，竟將四大區塊的桌次自行編號，這與我們原來依車號為序作桌次分號的安排完全不同，因此，在極短的時間內，僅僅是為了重編桌號就把接待人員弄得人仰馬翻；而陸續湧進餐廳的團員們也好不容易在混亂中找到秩序；雖然飯菜終究是開了出來，但是大夥匆匆吃完飯之後，仍有菜餚等著上桌。

禪宗道場，清修世界

飯後，我們迅速列隊，步行前往淨居寺。

淨居寺始建於唐朝開元年間，與淨居寺有關最著名的禪師便是行思禪師。行思禪師得法於禪宗六祖惠能大師，後入青原山弘法，來此參拜者極眾，史有「青原行思」之稱；行思禪師六十八歲時圓寂，後稱行思為禪宗七祖。

淨居寺的住持為體光老法師，已經八十一歲。體光老法師告訴師父，他每天念十萬聲阿彌陀佛，一遍《法華經》，師父當場為之讚歎不已。師父說，自己也曾試過在一天之中念十萬聲阿彌陀佛，但每每因為太忙而不曾達到此一目標。立於一旁的我們不禁羞慚了起來，原來師父為了奉獻自己給眾生，終日忙碌著，連這一樁基本的心願都無法達成。

淨居寺是我們所有行程中較為特殊的一座道場。據說，施建昌師兄在規畫行程時曾特意來此探訪，寺中的僧人不但少見，而且對外界到訪的香客也不甚歡迎。我們這五百位人馬進入寺院之後，一心秉持師父囑咐的攝心功課，絲毫不見（聞）喧囂不說，就連參觀七祖塔也都行動快捷，完全噤聲；雖然我們終究還是打擾淨居寺裡出家人的清修世界，但是，法鼓人莊嚴的威儀，應當也已將此叨擾減至最低的程度。

就在團員出了寺院，列隊上車之際，一部計程車高速駛至，一位農禪寺創辦人東初老人時代的女眾法師跌跌撞撞地衝了出來，說是耳聞聖嚴長老大駕光臨，他說什麼都要趕來接駕才成。在他的淚眼婆娑之中，師父親自將幾本著作送給這位法師留作紀念。雖然，這只是在短暫的數分鐘之內所發生的另一插曲，但是，我們在車內向法師合掌道別之際，也再次激動了起來。是的，我們到底是何德何能，居然得以在師父的照拂與統領下順遂此行的？

二〇〇二年十月九日

禪香飄飄溢滿懷

——大陸佛教古蹟巡禮（六）

百丈禪寺位於江西省百丈山大雄峰下；
「一日不作，一日不食」，
百丈懷海禪師透過禪門清規的制定，
從組織體制至生產、生活方式上的改革，
開展了後代禪宗的興盛繁榮。
我們抵達百丈禪寺時，已是夕照映天，
大地一片金黃。
一千兩百多年下來，
這片土地看盡了百丈寺的盛衰，
養活了無數僧侶，
也踏遍了無數佛門弟子的足跡。

十月九日

繼前一天跑了九個半小時的車程之後，這一天，僅是在車上的顛簸就又花了將近十個小時，回到飯店用藥石的時間為晚上十點半，五百位團員個個累得不成人形，很多人面對一桌豐富的菜餚，也提不起一點食欲；體弱的師父甚至藥石未進，便回房休息了。

這一天，究竟馳騁了哪些行程？這一天，大家又都有了什麼收穫？且聽我娓娓道來。

首先，是車輛出了狀況。廣州的旅行社臨時獅子大開口要惡性漲價，經過幾番交涉之後，我們的旅行社組為了大局著想，原本打算認了；但是，對方姿態太高，交涉再度觸礁，最後不得不讓廣州的車輛回頭，我方另行在江西的九江調了車子替補。

這批新報到的九江司機們對我們這一天的路程不夠熟悉，再加上車陣太長，因此，在去程的路上，第八車在該轉彎的時候跟丟了前面的一部車，接下去的十幾輛就全都成了迷途的羔羊。當我們在石子路上顛到骨架都要散掉之際，卻傳來後方車輛出了狀況的消息；嗯！不太妙哦！

果真不妙！因為，晚上漆黑的夜歸路上，再度上演了這齣戲碼。

狀況頻出，考驗道心

如今回顧前後兩週的旅途，十月九日一天還真是「可歌可泣」、「沒齒難忘」哩！

一開始，柏油路還好走；但是沒過多久，車陣拐進了石子路。前兩天領教了泥土路的我們，這一天再度嚐到了石子路的不同滋味；如果去石霜寺的路途是地震四級，這一天的級數最少要升到六級才是。

三個小時重溫幼時搖籃歲月的舊夢之後，我們抵達了是日第一個目的地——普利寺的山腳下。

普利禪寺位於江西省宜豐縣境內的洞山，是中國佛教禪宗五大宗之一的曹洞宗創始地。唐僧為了取經，在沙漠中吃了多少苦？相形之下，為了參拜此一聖地，顛簸一路又算什麼？

同樣是唐代僧人的良价禪師，在洞山興建了普利禪寺。因為洞山的良价禪師所提倡的禪法人氣極旺，把住在曹山的本寂和尚也吸引過來，成為良价禪師門下的弟子。良价禪師問本寂和尚道：「你叫什麼名字？」本寂答：「我叫本寂。」洞山良价又問：「哪個呢？」本寂說：「不名本寂。」

良价與本寂的禪風以回互細密著稱，後人將他們這一派稱為曹洞宗。

聖嚴師父便是曹洞宗的傳人。

回歸祖庭，顛了那麼點路，丟了那十幾部車，不算什麼！真的不算什麼！

由下車的地點開始，到洞山的普利禪寺為止，我們徒步於古道之中。只見沿途古木參天，風景秀美，有羅漢林、金剛嶺，有單孔石砌的石橋，以及刻有「古洞雲深」的牌樓……。甫才盤旋出洞口，立刻便現顯了一方淨土，有農田有寺院——普利禪寺到了。

普利禪寺的方丈為妙忠法師，有說九十六歲，也有說已一百三十二歲。但不管他幾歲，僅僅看他外表，頂多七十出頭而已。

妙忠法師與師父的精采對白，您可曾聽過？我有幸側身於旁，節錄了這幾段：

妙忠法師：「喝茶去吧！」

聖嚴師父：「喝什麼茶？」

妙忠法師：「喝長生不老茶！」

● ● ●

聖嚴師父：「這是什麼茶？」

妙忠法師：「什麼茶？」

聖嚴師父：「不生不滅之茶！」

● ● ●

聖嚴師父送了禮品給妙忠法師，妙忠法師雙手一收。

聖嚴師父：「收不收？」

妙忠法師：「你好意思送，我就不好意思不收！」

● ● ●

普利禪寺有一黑犬，是隻被遺棄在寺前的暴牙犬。此犬通人性，跟在妙忠法師與師父身邊，只要一張嘴，就露出了一排上顎的牙，彷彿咬了一排橫穿的白花。

聖嚴師父：「狗啊狗！你有沒有佛性啊？」

妙忠法師：「有啊有！每天拜佛沒有停！」

● ● ●

妙忠法師為了禮送師父，刻意敲鐘，還吟唱了起來；只可惜我站著的位置不夠近，聽得不真切；不過，另有兩句對話我倒是聽到了：

妙忠法師：「我是個放牛的！」

聖嚴師父：「我是個溜馬的！」

逗留在普利禪寺的短暫時光之中，也許是空氣新鮮，也許是氛圍不同，雖然日曬甚火，但身心清涼；雖然自山下攜上山的飲水不太夠，且已溫熱，但甘美於五臟之內；雖然山上的義工們烹調的麵條放在大澡盆中的聲勢驚人，但入口即化，滋味無窮……。

普利禪寺，幾乎教人流連忘返。

但是，不走不成，因為又要與活蹦亂跳的車子為伍兩個小時，前往下一站百丈禪寺。

屹立千年，禪風不減

百丈禪寺位於江西省奉新縣百丈山大雄峰下；唐朝大歷年間興建，原名「鄉導庵」，後延請懷海禪師來此住持，改名「百丈寺」。

「一日不作，一日不食」的農禪生活方式便是源自於懷海禪師與百丈禪寺。百丈懷海禪師透過禪門清規的制定，從組織體制至生產、生活方式上的改革，開展了禪宗以後的發展與興盛繁榮。

我們抵達百丈禪寺時，已是夕照映天，大地一片金黃。自下車的山路下望，一條可供兩輛小巴對開的小徑直通對面山坡下的百丈寺。雖說秋收已畢，見不到飽滿的稻穗在夕陽下隨風搖曳，但是，可以用觀想的呀！一千兩百多年下來，這片土地看盡了百丈寺的盛衰，養活了無數僧侶，也踏遍了無法細數的佛門弟子的足跡。

百丈禪寺千餘年來遭到不少兵災而數度蒙難，在文化大革命期間再度被毀，直至改革開放之後才開始了維新。住持達慈法師現年六十六歲，有一位弟子真光法師現居住於台中。

達慈法師為了重建百丈寺，親自坐車下山搬運建材，不幸發生車禍受傷，適才康復。當我們的隊伍徒步來到百丈寺門前之際，簡破的寺門首先道盡了百丈寺的滄桑史淚；等到達慈法師出了大門迎接法師後，我發現達慈法師像是見了親切的兄長一般，眼中泛淚，緊抓著師父的手不放。師父低聲問達慈法師身體如何，達慈法師中氣明顯不足，師父立即囑咐隨隊醫師廖英藏師兄為達慈法師看病。

廖師兄與他的同修火速為達慈法師測量血壓，高的是一百八十，低的是一百一十，連心跳都快到九十一。師父皺眉詢道：「太高了，吃藥了沒有？」達慈法師緩緩點了頭；師父不放心，又囑咐廖師兄留一些藥給達慈法師。隨後，師父將一放有現款的紅包塞進了達慈法師的手中。

我不忍在達慈法師身邊盤桓，閃至禪堂門外；暮色中，百丈寺前高聳的群山在暗藍的天色中如蓮花瓣般擁簇著百丈寺；天，馬上就要黑盡了。

師父在離去之前還是十分關心地垂問百丈寺的近況。達慈法師說，收穫的稻米足夠二十位寺內僧人吃上一年了。除了自己耕種的田畝之外，也將無法顧及的部分租賃給附近的百姓耕種。

出了三門，遠方數百公尺外山道上守候我們的車子都已點起燈火；那一簇簇看熱鬧且要警力維持秩序的居民們在朦朧的車燈照映下，似乎透明無形，顯得不真實了起來。而我，還是在想著，當年上千位僧人的百丈寺是何等榮景呀！

回程時，一來路途遙遠，二來車子半途迷路，三來施工路段在暗夜中更影響了車速；四個小時後，我們才回到下榻的南昌市凱萊大飯店。

一轉眼，已是好幾個月過去了；可是，當日情景卻是歷歷在目。

不知道達慈法師的高血壓藥還有沒有？

不知道百丈寺前青綠的稻田裡，此刻是否也有蛙鳴？是否也已結穗？

不知道還有沒有機緣再上百丈寺一趟？

可以確定的是，當時，有不少同伴齊聲道，總有一天要再去百丈寺。

這一天，終生難忘！

這一夜，睡得也分外香甜，而且，沒有夢。

二〇〇二年十月十二日

畫下句點，道再見

——大陸佛教古蹟巡禮（七）

沿著山勢，
三祖寺的建築全由連結的台階串聯著。
師父體力不勝負荷，坐在木椅上，
由兩位法師抬著上山。
來到廣場，師父的嗓子黯啞無聲，
但還是拿著麥克風，
為佛學院的學僧做了簡單的開示。
我猜，師父能夠硬撐著疲憊不堪的身子開示，
是因為在那群年輕的莘莘學子身上，
看到了大陸佛教的未來與希望。

二〇〇二年，跟隨聖嚴師父在大陸走了半個月，看了二十七座名山古剎；聽了師父或長或短數不清的開示；不但手邊的筆記本記得密密麻麻，心頭與腦袋也是塞滿了沿途採擷來的動人故事與豐沛感情。我想，也許要寫上三十篇以上的記行文字，才能替此次的行程畫上圓滿的句點。

但是啊但是！一旦等到真要執筆下手，才發現事實上有問題。我是愈寫愈心驚，愈寫愈心虛，後來甚至開始擔心，讀者是否會有耐心來忍受我漫無止境的喃喃自語與絮絮叨叨？

師父手著的《五百菩薩走江湖》（僅是此一書名就已精彩絕倫）已正式出版；在此之前，鄧美玲師姊的《雲水吟》也早已問市；緊接著，施叔青師姊的另一篇記述此行的著作也要在《聯合文學》發表。相信那一趟大陸佛教古蹟巡禮讓參加者留下深刻的印象，也掀起了內心陣陣感動的漣漪。自己因為工作繁忙，加上雜事纏身，所以寫作的速度慢了下來，以至於寫了一年多，還沒能將自己的所見所聞全部與讀者分享。

該是說再見的時候了，如果要說，大陸之行的兩週以來，令我印象最深刻的是什麼？我馬上不假思索，答案就在三祖僧璨大師的道場——

乾元禪寺。讓我以介紹乾元禪寺，做為大陸佛教古蹟巡禮的完結篇。

崎嶇陡坡，考驗大家體力

十月十二日的上午，我們先趕往四祖寺（原先列入行程的五祖寺，因路況不佳而取消），在四祖寺多耗了些時間，變成需要壓縮下一個行程——三祖寺的時間了。更何況，我們這五百個人還要去趕搭從合肥前往福州的班機。

三祖乾元禪寺依山坡而建，當我們大隊人馬駛近三祖寺時，已遠遠看到迎接的僧侶們備著大禮，守候已久。

領隊的施建昌師兄已為時間之緊迫而急紅了臉，他再三交待我，要幫他控制好師父在此停留的時間。於是，我再次一馬當先的走在前面。

台階！一進三門就是台階！沿著山勢，三祖寺的建築全由連結的台階串聯著。我喘著氣，揮著汗，終於走到大殿了，不禁問寺方的接客僧，等一下是否要沿路再下山？沒想到得到的答案是搖頭，他指指身後，原來還有一段陡峭的山路要爬，正式的歡迎儀式要在更高的一塊廣場舉行。

我來不及將一聲驚歎嚥回肚子，便開始擔心，年已七十四歲的師父要如何繼續走上那條漫長又崎嶇的陡坡？

寺方也許已接到我們時間緊迫的訊息，所以在師父兩側扶著師父的兩位年輕法師很自然地加快了腳步。我邊喘著氣邊回頭望，師父的臉色開始泛白，雖然他依然不見強烈的喘氣。

早在數年前的大陸朝聖，我曾目睹過當時年歲還是六十好幾的師父如何攀登九華山。師父非常有技巧地征服九華山綿延不斷的登山台階。師父經常是登上數十個台階後停下來，先關心在後的菩薩們是否跟上了，再打量一下眼底的山光林色；也因為這短暫的停頓，師父立刻調好急促的氣息，再度安然自在地繼續眼前的行程。

但是，這一回不一樣了！師父才站定，還沒來得及順氣，臉色也尚未緩和過來，兩位年輕的法師又架著師父上路了。我有些急，想讓兩位法師慢一點，但隨之又想，說是要趕時間的是我們！

於是我低著頭往上走，走得上氣不接下氣，走得胸口灼熱彷彿要立刻撕裂……。當我決意停下來，再回頭看時，師父已坐在一只有靠背的木椅上，改由兩位法師抬著上山了。

被歲月催老的師父

師父身旁的弟子們都安下了懸著的心，這一下，師父瘦弱的雙腳和力撐的心臟可以休息一下了；而我，卻是再也不敢回頭。

原來，師父跟任何凡人一樣，也會生病，也會衰老！可是，明明才是幾年前，他老人家還可以談笑風生，神色自若的遨遊九華山，如今，卻為何如此吃力？如果不因趕路，是否會不一樣呢？

我咬著下唇，低頭往上走，也沒有向守在一座三門、默默遞來礦泉水的老法師說聲謝謝。我知道，我不能回頭，也不能開口，我一口氣硬是牢牢地憋著，如果紓解這口氣，我怕我又要失態地淚下……。

雖才不過短短的幾分鐘，但是，許多回憶就頂著當時強烈的陽光，彷如曝光過度的照片，在我眼前閃過：師父談及法鼓山時曾說過，他很急、很急，教育的事今天不做，明天就要後悔。……師父在旅館裡喝了一口水，很疲倦地說，他很累，真的很累，可是能休息嗎？因為好多事都還沒做好……，師父在某次旅途中病了，聲音氣若游絲，他說：「好冷，沒法子睡，頭疼，牙也疼……。」

好不容易，師父被抬上了廣場，才上了洗手間，還沒來得及喝口水，師父一挺腰，說聲：「走吧！他們不是都在等我嗎？」

來到廣場，看到趕來的佛學院學僧，師父的嗓子黯啞無聲，但是，他還是拿著麥克風，還是做了簡單的開示。他直說對不起，如果不是因為趕飛機，他應該要多停留一點時間，多跟學僧們聊聊！

我猜，師父當時能夠硬撐疲憊不堪的身子開示，是因為那群年輕的莘莘學子，在他們身上，師父看到了大陸佛教的未來與希望。

匆匆道別，匆匆上車，匆匆趕向合肥機場，路途仍然遙遠。

五百位僧俗團員，無法用三架飛機載完，有三十幾位菩薩在當地過夜，改搭次日清晨的飛機，到福州與大隊人馬會合。

黑夜的合肥機場因為燈光不夠明亮而顯得一團亂，團員們各自歸隊。幸好，師父被迎進了貴賓室休息。

隨師記行，忠實紀錄

在貴賓室中，師父卻還是不得休息，他還得與來送行的當地人士們寒暄，招呼他們用餐、飲水。

上了飛機，我拿到了晚餐的便當；可是，哪吃得下呀！就連掀開便當的力氣好似也沒了；整個人輕若棉絮，只想躺下來大睡一場。

第一班飛機起飛了；第二班飛機升上了空中後發現故障，又飛回了合肥機場；第三班飛機延遲起飛。等到三班飛機的團員安全抵達福州西湖飯店，已是凌晨一點半；而另一批管理行李的師兄們為了等待大件行李，硬是在飯店的大廳等到清晨四點。

還沒真正入睡呢，六點的喚早電話已經響了！

集合時間一到，師父又神情俐落地出現在大廳，準備上車；看到師父神采奕奕，我才放下心中懸著的石塊。在單薄的僧衣下，師父清瘦的身影經常可以在路過之處颳起一陣風，一陣和煦拂來、沒有塵埃的和風。

於是，十月十二日這一天所發生的故事，便鑄成此行永不磨滅的印跡。

●　●　●

師父很瘦，真的很瘦；不過，師父很上相，透過鏡頭，我也曾試著去解析師父的魅力。

很多人都說師父很威嚴，眼神尤其像是可以洞穿任何人的心思。也有人說師父很可愛，尤其笑起來溫煦如冬陽。我發現只要師父一張開嘴，就好像可以看到師父純真如孩童般的笑靨，甚至還有一點促狹慧黠的味道存在。

無論是透過鏡頭也好，私下言談也罷，師父說過，二〇〇二年五百位菩薩的大陸佛教古蹟巡禮之行，只能用「奇蹟」來形容。試想，這半個月以來，無論是舟、車、飛機的運轉以及生活中的所有安排，居然沒有一個人生病（感冒自然不算），沒有一件意外發生，這不是「奇蹟」是什麼？

師父也說，他年歲大了，以後能不能夠再帶領如此龐大的信眾出國，已經是不可知的事。不過，很幸運地，我好像還是可以跟著師父往外趴趴走。最起碼，二〇〇三年十月底的北京、十二月的中東與加拿大的溫哥華，二〇〇四年四月的新加坡與澳洲……，我好像都有「任務」在身，可以繼續隨師記行。雖然，大陸佛教古蹟巡禮在此畫下句點，但也是另一個再見的開始！

心情點滴

大陸佛教古蹟巡禮

一樣的故土，卻因踏上的因緣不同而有不一樣的心境。

去大陸的次數已然到了快數不清的程度，可是每一次都難免發生臉紅脖子粗的場面。雖說大陸佛教古蹟巡禮的旅程中，敝人還是因為修養不夠、修行不足而動怒過；但是，在兩週的行程，絕大多數的時光裡，我都盡情享受了「善」與「美」的洗禮，而不可思議的是，自己內心的「真」也稀奇地自心底的一灘爛泥裡跳躍而出。

我似乎絕少有機會能夠誠實的內省自己的心。就在前往廬山東林寺的路上，車子在環山公路繞行。坐在車中的我，被和煦的陽光照拂得暖洋洋、喜孜孜，我忽然察覺到，自己的口中居然在哼著兒時學唱的兒歌，而這首歌已然許久許久，將近一輩子都不曾出現在腦海中了。

於是，我又回頭看了看這些天的自己……咦？奇怪？是有不同——我發現唸小學之前那個頑皮、熱情、敢說且敢秀的自己又回來了。

沒錯！就在去廬山的遊覽車之中，我難得的又找到以前那個真正的我了。

在車內的心得分享的時候，我拿著麥克風，對著眾人說自己的故事。我還說，曾經與同修（內人）聊過出家的話題，同修說過，如果有一天，我若是決定要出家，她一定會立刻成全我……。也不知道自己為何會當場說出這段話來，還把坐在一旁的同修惹得淚流滿面（據她事後解釋，因為感動，而不是難過或衝動）。不過，如今我倒是可以很懇切的承認，就在那一刻，我是「真」的。

雖說是師父在行前再三叮嚀，此行要攝心，要莊嚴，不可以像觀光客一般的喧嘩、吵鬧。不過，我還是會忍不住的犯規——我模仿施師兄的台灣國語，跟鄰車的師兄扮鬼臉，跟同車的師姊搶水果吃……，那個頑皮到無可救藥的我又像孫猴子似的蹦出來了。

雖前後才不過兩個星期而已，但是，這兩週的自己好像不如日常的「我」那麼面目可憎；相反的，還真有點耍寶，有點裝可愛……。

所以，我多少有些明白，所謂的「返璞歸真」對任何一個人都是有可能的。而我，在法鼓山這個隊伍之中，師父與眾多佛門師兄姐的光環之下，不是就被照出「原形」，而且還「舊」態畢露了呢！

我，還是「我」。

這是我在此行中另一項輝煌的收穫與成果。

佛頭回家後，山東下雪了！

二〇〇二年十二月十七日至二十二日

得以躋身於贈還阿閦佛頭像的隊伍，
我真是何德何能啊！
開光儀式進行時，在烏雲滿布的天空中，
太陽的光暈迸射出一道霞光……
今年山東大旱缺水，許多農地廢耕，
但我們回台的次日就接獲濟南的電話，
電話彼端用興奮顫抖的聲調，
一再重複著那幾句話：
「感謝聖嚴師父，感謝阿閦佛，感謝法鼓山，
雨雪來了，雨雪來了。」

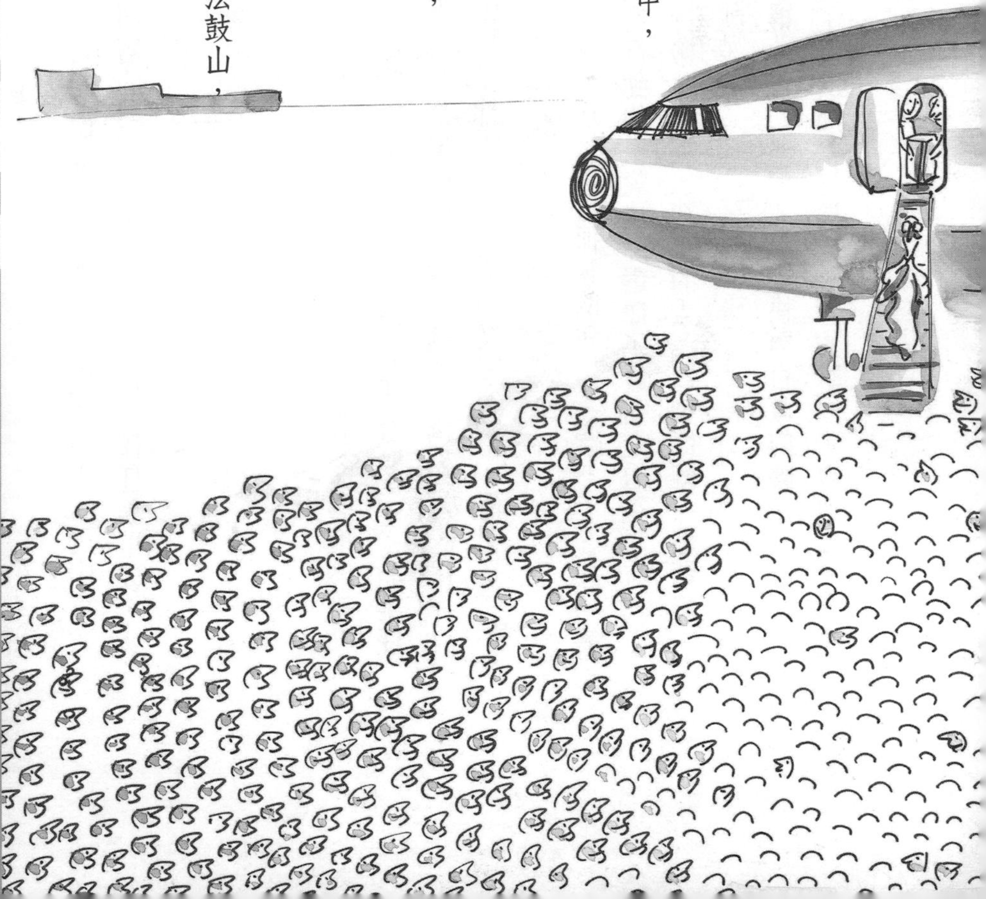

二〇〇二年十二月十七日，阿斗有幸又跟著師父去了一趟山東濟南，目的是捐贈神通寺四門塔的阿閦佛佛頭像。此行不僅任務重要，又兼具新聞性與話題性。

今年，山東大旱

據接待我們的山東官員透露，今年山東大旱缺水，許多農地廢耕，「中央」方面已有指示，必須讓所有老百姓在農曆新年有餃子吃；如果任何一個城鎮發現了行乞的災民，當地政府的領導就要「倒楣」了。

阿閦佛的佛頭就是在此一時節，由聖嚴師父率領僧、俗弟子三十人，於二〇〇二年的十二月十七日步上了「回家」之路。

阿閦佛的佛頭重達七十餘公斤，外加保護的包裝，頗具「分量」。經過數度會議之後，負責此次行動的果肇法師選擇了最安全的護送方式——由同行的居士一起來執行搬送大業，初步的人選為劉偉剛、施炳煌、黃楚琪、施建昌四大護法師兄。

行前，劉偉剛師兄笑稱，他們四位加起來快兩百歲的護法金剛可要爭點氣，再辛苦都該把肚子裡的油脂轉換成雙臂的肌肉，否則萬一有任何閃失，可是承擔不起任何傷害古物的罪名。
十七日上午，一行人搭上上午八時三十分的華航班機前往香港，再改乘東方航空的飛機直赴濟南。
原先最讓眾人擔心的香港中繼搬運問題，因為華航的熱心服務而得以解決，當飛機停妥香港赤臘角機場的空橋時，華航的香港地勤人員已經做好周全準備，直接將佛頭搬運至東方航空的機內。旅程前半段，華航先拆掉了華夏客艙的兩個座椅來安置佛頭；後半段，東方航空則拆掉了機艙的三個座椅來固定佛頭。

風塵僕僕一路護送

與全團高昂的士氣相較之下，最辛苦的是聖嚴師父了。
師父於十四日先行自紐約回台，每天在台北不停地召開各種大小會議，十七日清晨沒睡多久，便摸黑前往桃園機場與我們會合，偏偏要命的時差困擾著師父，白天不得休息，晚上又睡不著；在過境香港時，我問師父：「還好嗎？」師父的眼睛有些畏光，有些睜不開，他只是答說：「累啊！好睏啊！」

即使說再累、再睏，師父也沒有閉目養神，他抓著間許機會還不斷地與果肇法師、果東法師、陳嘉男會長、劉偉剛師兄等人開會、商議。從十七日抵達濟南，到二十二日離開濟南，往香港、台北又轉機回紐約，這一路的顛簸勞累，我不知道師父是怎麼熬過來的；論年紀，我比師父年輕了二十好幾歲，可是回到台北的我，睡到第二天中午還爬不起床，恨不得抱著棉被到公司去上班。

別的行程我無法細述，僅僅拿連續這兩天來說，由濟南往返北京，各花了七個小時在公路上，而且都是四、五點就須起床；連最後一天四點半起床、五點用早餐，卻因飯店的餐廳擺烏龍而開不出早飯來，各位就不難想像，這幾天緊湊的日子，我們是如何撐過來的了。

盛況空前一睹丰采

有幸得以躋身於贈還阿閦佛頭像的隊伍，我只能說，我真是何德何能啊！

話說飛機抵達濟南機場的畫面吧！一群電子媒體與平面媒體的記者守在樓梯口，從師父雙腳著地開始，師父就被媒體重重包圍，其聲勢之壯大、場面之混亂，也只有最近的F4偶像團隊可稍媲美，雖然如此比擬不妥，但此一瘋狂陣仗延續到神通寺，而我，也成了間接的「受害者」。

我們一行護送著阿閦佛，由機場直奔神通寺，因為在那裡安排了一場佛頭交接儀式。所有的秩序在佛頭像進入會場後全部瓦解，在場守候多時的一大群媒體攝影、記者，一窩蜂地湧上圍住了盛裝佛頭的箱子，發生推擠情形並不意外，連坐於一邊的師父也數次差一點被攝影機撞到。主辦單位的濟南市文物保護局大概沒見過此大場面，全都傻了眼而束手無策，偏偏媒體於此時嚷嚷著要工作人員將箱子打開，讓他們直接拍到佛頭的畫面，而主辦單位居然也同意地打開了，於是，閃光燈、爭吵聲、叫罵聲、椅子碰撞聲……充斥一片。施炳煌師兄用我們自備的擴音器喊話，希望大家往後退，眾人仍不為所動；情急之下，我這「大聲公」終於按捺不住，扯著嗓子喊著：「拜託大家後退，否則我們的交接典禮根本就無法進行了……。」

也許是我們「反客為主」的姿態刺激了主辦單位，總算有幾位大漢出來維持秩序；雖然他們相互間的肢體動作引起紛爭，但是交接儀式總算得以進行。

結束了交接儀式，我們法鼓山一行護法阿閦佛的重責大任才得以暫告一段落。回到飯店後，攝影師阿良竟告訴我，攝影機鏡頭的護鏡被擠掉了，安排行程的薛師兄笑說，大概要去二手店才能找回來了哦！

阿閦佛在國內、外各大媒體的報導以及大陸中央單位高度重視的情況下，也成為全大陸的熱門焦點，不僅僅是山東省而已，甚且已掀起全國性的話題，連我遠在蘇州、北京、上海、天津的朋友知道我是聖嚴師父的弟子，也主動打電話來「關心」此一大事。

山東省文物保護單位連日展開修復工作，他們必須在二十一日開光典禮之前，將「流轉」在外的佛頭重新與佛身「聚首」彌合在一起。

轉道北京專程致謝

十八日下午，師父在山東大學有一場演講。十九日一早，我們五點起床，要在中午趕至北京，因為師父要於當天下午前往北京國家宗教局與中國佛教協會；此行緣於二〇〇二年十月份時，這兩個單位曾大力協助法鼓山僧俗四眾五百人為期兩週的大陸佛教古蹟巡禮，師父要親自登門道謝。

依照原訂計畫，師父在十九日晚上宴請佛協，二十日中午宴請宗教局。然而，宗教局局長葉小文於泰國參加佛學會議的旅程中提前趕回北京，專程要接待師父，當天晚上也堅持要當東道主，宴請師父與我們僧、俗眾人。本人深有所感：「計畫是趕不上變化」的，師父不得不將佛協之約改在二十日中午，而佛協同樣也堅持不讓師父請客，反而選在師父預定的餐廳來招待我們。於是，師父在宗教局與佛協的熱情攻勢之下，再也無法堅持了。

其實，北京當局早已準備盛情迎接款待師父與我們。連老天爺都在我們進入北京城時飄下了瑞雪，讓不曾見過雪的果禪法師高興地不斷用相機拍下了美麗的景色；二十日中午，雪下得更大了，我們匆匆用完餐，必須搶在交通阻塞之前離開北京，趕回濟南去。

擔任佛協會長的一誠長老與宏渡法師等眾人，在大雪中與我們揮手道別，奇怪的是，才離開北京的環城高架公路，雪花就不見蹤跡了。

一路地趕、趕、趕！

前腳才離開北京，濟南的電話就追來了，雖然我們早就告知對方最快在晚上七點半才能回到濟南，山東省副省長蔡秋芳女士仍在下午六點便守候在濟南的飯店，要與聖嚴師父會面。

我們終於在七點半趕到飯店，與副省長會談之後，八點半才進入宴會廳進行晚宴。

對了，提到吃飯，有一位了不起的法師不能不提，他就是果耀法師了。果耀法師是師父的侍者，負責照顧師父的飲食。師父的腸胃較弱，許多食物無法進食，果耀法師心細如髮，不但要注意師父營養的攝取，還要用心於菜色的新鮮。舉例來說，師父不能吃雜糧，因為不容易消化，只能吃白米；容易變色的四季豆只能煮一頓；如果時間不夠，高麗菜比較好保存，可以先蒸煮預備著……，果耀法師有如專業且嚴格把關的「營養師」。

果耀法師的隨身配件龐雜，包括電鍋、碗盤、食材、配料……，這還不打緊，總要比任何人更提早準備，例如二十日當天，清晨三時起床後，便要先煮好早、中、晚三頓飯帶著到北京，才方便加熱給師父進食；二十二日甚至一夜不能睡覺，要先煮好六頓的食物，讓師父在回到紐約的旅途中不致於斷炊。

同行的僧俗大眾都不停地讚歎果耀法師，並且封了他一個外號為「空中廚房法師」。

天公作美恭迎盛會

二十一日的開光儀式是重頭戲，行前，來自山東的消息就是神通寺的四門塔位於山谷之間，強勁而冷冽的北風會將耳朵凍麻掉。二十日的夜晚，我們得知，次日的天氣是雨和雪。

想知道二十一日的上午是什麼天氣嗎？

陰天，沒有雨和雪不說，冷風也識相地收斂著，雖說溫度近零度，但絕對可以忍受。在開光儀式進行當中，我雙手合十，眼望烏雲滿布的天空，身旁的陳維熊師兄輕輕地推我一下，沒錯，雖說只有剎那間，但是太陽的光暈自一圓洞中迸射出一道霞光，前後不到幾秒鐘……。

下午，師父帶領著我們，在神通寺的遺址之間穿梭、行禮、讚歎著，一點點茉莉花瓣似的雪花，在天空中飄舞而下，不密、不大，像有人在山頂，於樹梢用手指彈落著……。

二十二日回台，隔日二十三日就接獲濟南的電話，電話彼端的聲調是興奮顫抖著的，自二十二日夜晚開始，老天開始飄起大雪；大雪不停地下著，下到二十三日還欲罷不能地下著；電話中一再重複著那幾句話：「感謝聖嚴師父，感謝阿閦佛，感謝法鼓山，雨雪來了，雨雪來了。」

心情點滴　山東

山東之行，又替我開了一次難得的眼界——原來大陸的媒體也可以如此瘋狂、火爆。

當飛機門打開的剎那，停機坪上守候的媒體群已經有了騷動。為了避免讓師父受到「驚嚇」，我們央求師父在機艙內稍候片刻才下飛機。

果不其然，師父才一走下階梯，所有的麥克風、攝影機全部堵住了師父，我們就算要以人牆保護師父都有些困難。

此一陣式一直拉到了入境室的行李區。等到我們的行李都出齊了，師父還在被新聞媒體糾纏著。

與阿閦佛一同移師到神通寺之後，媒體的躁進、興奮與衝動又將交接儀式的會場推到了激情的沸點。這下子，媒體關注的焦點自師父的身上轉移到了阿閦佛；原本坐在貴賓席上準備出席交接儀式的師父，驚險的逃過了被攝影機撞到頭部的一幕還未讓人回過神來，師父坐著的椅子就像被浪潮推動一樣，一直往後、往側面移走，現場幾乎已經失控，隨時都有發生意外的可能。

此一場面，對於曾經有過十年採訪經驗的「老鳥」——我來說，並不算是稀奇的事，但是非常奇妙的是，此日的「主動」與「被動」，「採訪」與「被採訪」的立場有了倒置的關係，我彷彿由台上的演員變成了台下的觀眾；我像是跳了開來，看到了自己曾經發揮過的「動作」與「行徑」——又推又擠，還不忘用手肘拐人，只想往前衝，衝到被關注的「獵物」——被採訪對象的最近距離處。

對於媒體爭先恐後、無孔不入的作風，用「敬業」二字來形容應該不會有「溢美」之嫌；只不過，不論從哪個角度去看，都讓人有突兀、受驚的感受。

我不能「否定」自己的過去，但也「慶幸」得以改行。的確，我將人生最精華的十年（二十七至三十七歲）投入在記者的工作上，我也以這十年的努力與收穫而歡喜。同樣的，得以及時改行，從事我所學所愛的另一項工作——電視節目製作，更是難得的際遇，我慶幸自己有了正確的抉擇。

如果來世還能重返這娑婆世界，每個人都會憧憬一份不同或相同的身分與職業。至於我自己呢？……肯定是今生的延續——二者選其一，……啊？前者或是後者？……嗯……答案好像已經出來了吧！

第二部

2003年

二〇〇三年五月五日至十六日

乘載佛法飛到莫斯科

——再訪俄羅斯

師父十分輕鬆地宣布，
要帶我們去克里姆林宮前的紅場逛一逛；
我聽了差一點大聲高喊萬歲！
雖然紅場因參觀時間已過而封鎖，
我們只能在外圍看了看，但已讓我十分滿足。
師父興致好，
他一路問著與建築物及歷史有關的問題；
如果不是攝影機的電池耗光了，
師父還打算在天黑前
到美術館的外圍走一走呢！

二〇〇三年四月十七日，台北籠罩在SARS的不安陰影之中。我一早前往桃園機場，途經東京，再飛西雅圖，起碼有兩個星期的「中空時間」可以自我隔離；當師父在紐約看到我之時，我應該已經很「安全」了才對。

就在停留於西雅圖的第三天，我發現喉嚨開始不適；我心中念了千百回的觀世音菩薩聖號，祈求菩薩不要讓我這麼「幸運」地「中煞」！我從來就不曾買過「樂透」或各種獎券；我不曾對「中彩」有任何期盼；相對的，我也抗拒煞星來找我尋開心。

我除了不斷地喝水，當我午夜躺在床上，還不死心的向佛菩薩「陳情」，不要讓我這麼倒楣，不要讓接待我的朋友被牽連……。然後，昏昏沉沉，似睡非醒的熬到天明。等到我明確地告訴自己該起床的時候，我發現喉嚨的不適已經消失了。哦！阿彌陀佛！

五月二日，完成了完美的「隔離」，我較預定時間又晚了兩天才飛往紐約。五月三日下午，在紐約朋友的護送下，我到了東初禪寺；師父正在樓上休息，我與果耀法師針對師父在莫斯科的飲食問題做了初步溝通。次日下午，再次前往東初禪寺，果耀法師正在為師父烹製晚飯，我也與他再次確認了師父被我「接管」後，所要準備的「食材」（米、豆子、醬油、餐具、餅乾、紅棗、薑、腰果……）。

此時，師父剛好下樓用餐，看到了我，師父問我跑到哪裡去了，我只能跟師父報告，我很健康，也很安全，師父笑著搖手不說話，還賞我兩塊蛋糕（東初禪寺適巧於該日舉行了「浴佛節」的活動）。我趕緊向師父感恩，我說，當天剛好是我五十歲的生日；看！真好！我這「光」真是「沾」得是時候。

向莫斯科出發

五月五日下午，與師父、果元法師一同出發，前往甘迺迪國際機場。師父在車上又問我，這幾天是不是又叨擾了各地的朋友，我趕緊承認。我知道，師父只差沒有問我，為何不直接到東初禪寺來掛單。我也知道，師父早就看穿我了，住在朋友家是因為可以「方便」我不受拘束的習慣與個性。

坐了八個多小時的飛機，我們於當地時間六日中午抵達了莫斯科機場。移民局和海關的官員沒有任何刁難，我們順利入境了。早到一天的攝影師阿良和擔任口譯的道格拉斯，以及邀請師父的主辦單位負責人亞歷山大等人都來接機了。

阿良告訴我，他們前一天的空中驚魂記，飛機在強風中試了四次才平安降落於地面；一向不多話的阿良還說，前一晚冷極了，半夜還被凍醒。可是，自師父抵達莫斯科開始，日日是好日，天天有陽光，不但攜帶的冬衣沒有一件派上用場，也讓我後悔沒有帶一件短袖的衣服。

亞歷山大曾於一九九八年邀請過師父前往聖彼得堡弘法。後來，自創「無極門」的他搬到了莫斯科，並在聖彼得堡成立了分會。

亞歷山大這一回有些緊張，他與當地口譯瓦汀以及另一位助理羅曼都再三叮囑我們，街上的警察很多，會盤查我們的證件，所以在替我們報好戶口之前，千萬不要離開家門一步。

六日下午下班前，瓦汀來電說，次日上午十點應該可以拿到戶口。七日上午十點，瓦汀來電頗為抱歉地說，辦事的官員要到中午才會去上班。中午十二點，官員雖然上班了，但又「不在座位」。下午，瓦汀也開始焦急了，他說，官員認為ＳＡＲＳ很麻煩，不太願意給證件；後來，找了較為好心的另一位官員做疏通，瓦汀說，他們會再努力。

意外的假期

我不禁有些沉不住氣了，師父卻說：「真好！」這樣的結果，讓他睡足了覺；我想了想，真的！一天半下來，真是補充了不少睡眠。

下午五點半，我剛燒好晚飯，師父宣布，瓦汀來電報告好消息，證件下來了，我們可以出去了！

在主辦單位的安排下，前三天我們都是在一所韓國寺廟住宿的。其實所謂的「韓國寺廟」，是在一棟公寓的一樓，有一間可以禮佛的禪堂和另外兩個小房間而已。師父一開房門就可以一目瞭然地看到我們在另一個房間在做什麼。

依照原先的計畫，五月七日下午七點，就在我們下榻的韓國寺廟，師父有一場小型的演講，是專為主辦單位核心幹部所安排的。師父在準備吃晚飯之前十分輕鬆地宣布，七點至九點演講，九點以後帶我們去克里姆林宮前的紅場逛一逛；我聽了差一點大聲高喊萬歲！

可是煩惱又來了。據朋友轉述，俄羅斯的部分警察有問題，曾經有人在紅場拍照，因為相機較「高級」，居然被幾個警察圍住，硬要勒索八百美金的拍照許可；而同時同地點尚有很多觀光客在照相，卻都相安無事。我心想，為了報戶口，我們每人需要繳八十八美元，如果去紅場碰了幾位不肖警察，那怎麼辦？阿良的ＤＶ攝影機還是數位的呢！

雖然紅場因參觀時間已過而封鎖，我們只能在外圍看了看，但已讓我十分滿足。只不過，我沿途提心吊膽地為阿良把風，觀察任何接近阿良的人，就算沒有穿警察制服，也可能是便衣警察啊！阿良原來也許還沒事，到後來也被我影響得有些緊張了。不過，師父興致好，他一路問著瓦汀，包括一些建築物以及與歷史有關的問題；如果不是攝影機的電池耗光了，師父還打算在天黑前到美術館的外圍走一走呢！

弘法、禪七在莫斯科

五月八日晚上，師父在距離紅場不遠的舊蘇聯貿易部會議廳舉行正式演講，可以容納一百餘位聽眾的會議廳幾乎滿座。演講之前，師父還以世界宗教理事會主席的身分，與莫斯科的宗教領袖舉行了一場座談會，有俄羅斯的東正教、佛教與回教代表與會。師父在會中提出世界宗教理事會於日後在莫斯科舉行年會的建議，也獲得與會者的認同。

五月九日下午一時，我們離開韓國寺廟，前往兩個小時車程外的禪七地點——VYSOKOYE旅館。

當車子開到旅館時，我有些失望，建築物全是磚塊砌成，好像尚未完工似的，連樓梯都被風化而未曾維修。等到進到裡面，分到房間後，我倒吸了好幾口冷氣，那才是真正的洩了氣，不但破敗腐朽的氣味難聞，房間有如日式商務旅館一樣小，擺了兩張小床，兩個人要想轉身都得有一個人先坐上床鋪才成。廁所尤其恐怖，馬桶全是污漬，馬桶蓋是「放」在馬桶上的，一不小心就掉在地上；抽水箱沒有蓋子，如要沖水，需要伸手去拉水箱內的繩子。淋浴的蓮蓬頭也全是

紅鏽，水泥地面又是紅又是黑的，阿良看了馬上說，這幾天他不會洗澡了，我也拚命點頭。

師父當然看到我們一臉愕然、沮喪的表情，他馬上說，修行嘛！在五星級大飯店或是最壞的環境都是一樣的！我又點頭，只不過點得有些勉強。

此處名之為旅館，其實是在一九六八年至一九六九年建造，原屬於KGB（前蘇聯國家安全委員會），共產黨瓦解後，才改為工會的招待所。我跟阿良說，此處以前搞不好就是KGB關政治犯的地方，要不為什麼在陽光燦爛的午後，走廊與房間是如此陰冷？

雖說旅館像是鬼屋，但是工作人員倒是熱情而和善的。與我直接有關係的自然是廚房的娘子軍們。語言不通是第一障礙，但是對我構成最大挑戰的是燒飯的爐子。此間的爐子像是鐵板燒的平台，你必須自行把鍋子移動，尋找火力不同的定點，否則保證鍋內的飯菜馬上燒焦。也許是承襲了以往共產黨有飯大家吃的「大鍋飯」形勢，為八十多位參加禪七的學員們烹煮三餐的廚孃們分成兩班，隔日輪值。第一天報到輪班的領班胖太太，外表與眼神都很犀利，她指著遠處的一個區塊說，那才是我為師父燒飯的地方，以免影響了她們正常作業（此時當然是有翻譯在旁）。第二天負責的領班是個比較溫和，個頭較高的太太，她讓我在她的區塊工作，說是離切菜區近些，也方便些。後來，兩班的廚孃們都對我很友善，甚至會在我比手畫腳之前就能如「讀心」似的伸手將鍋、油、青菜、菜刀……遞給我；更讓人意外的是，臨別的前一天，她們還烤了一個蘋果派為師父和我們送行；羅曼為我辦戶口時知道十五日是我護照上的生日，旅館的「領導」和廚孃們還準備了一份俄羅斯娃娃送我當生日禮物；師父在次日也收到了一個精美的俄羅斯茶壺，讓師父十分意外而為之感動。

回家的路

禪七圓滿後的莫斯科，依然是個陽光和煦的好天氣，向學員們揮手道別的師父直奔莫斯科國際機場。師父要與果元法師飛回紐約，比師父晚三個小時，我與阿良經阿姆斯特丹經曼谷回台北。在機場，師父不浪費一點時間，還掏出他的筆記本密密麻麻地寫著、記著。

我們的班機是八七七，我笑說，還真是「怕兮兮」，我們要回台灣，要與ＳＡＲＳ面對面了！可是，在波音七四七—四〇〇的巨無霸飛機裡，乘客頂多七、八十人；我吃飽了，喝足了，也四平八穩的躺了下來。我在心中換算著時間，估計師父應該到紐約甘迺迪機場了，應該回到東初禪寺，應該吃到果耀法師準備的晚飯了……，於是，不知不覺我也沉沉地睡去，安穩至極；夢中沒有莫斯科，沒有鬼屋旅館，當然，也沒有ＳＡＲＳ……。

心情點滴 莫斯科

把舉行禪七的旅館比喻為「鬼屋」，似乎有些不倫不類，且失厚道，但憑心而論，論外型結構，論內部陳設，真的是讓人有些失望，更別說是與聖彼得堡禪七的皇家別墅相提並論了。

也許，聖彼得堡的記憶太過美好！但是，莫斯科既是俄羅斯的首都，其周遭的環境似乎也不至於太過落後——這就是我先入為主的觀念在作祟！

事實上，俄羅斯畢竟是個陌生的國度，說難聽一點，我根本就在以管窺天（俄）。聖彼得堡的美麗與嫵媚，基本上是拜當年俄皇時代的輝煌時代所賜。她的雍容華貴，充其量只是個例外而已；也許，莫斯科所顯示出的林林總總，應該才是今日較為客觀的俄羅斯縮影吧！

除了對建築物的破敗感到驚訝之外，另一個讓我匪夷所思的是那些位活了大半輩子的廚孃們，居然連綠色的花椰菜都沒有見過。

從莫斯科採購來的食材不夠了，我央求翻譯幫我陳情，需要旅館的經理代購一些果蔬。比畫了半天，經理好似終於弄懂了，但是她來回兩個小時所帶回來的，居然是冷凍食品。

我有點哭笑不得，但終究是接受了。有趣的是，眾廚孃們全都圍了過來，揀起凍在一起的綠色蔬菜端詳半天。我把原先剩下的一點新鮮綠花椰菜拿給她們看，她們也像捧著怪物似的嘰哩呱啦的評論個沒完。我的好奇心因此也旺盛了起來，加入她們比手畫腳的行列後，才粗略瞭解，她們的食材就是以馬鈴薯、紅蘿蔔、蕃茄、包心菜為主，其他的菜蔬則是非常罕見。這也難怪，俄羅斯的冬天又長又凍，種不了太多果蔬吧！

領班的胖太太先後有兩次，拿起杯子，接了自來水就咕咚咕咚的灌上一大杯。我看了兩眼發直！……天哪！那種含鐵量特高的自來水不是已經沉澱了一灘灘的紅鏽在水槽了嗎？卻為何還要大膽生飲？難道對身體不會有妨害嗎？

我刻意把一瓶礦泉水遞給她，她聳了聳肩膀，拒絕了！我因而有些下不了台。而後，我對自己粗糙的舉動後悔了！人家一個月的收入有多少？買得起礦泉水嗎？我自以為慷慨大方，但我才停留一週而已，一週以後，我走了，她還能喝礦泉水嗎？她的日子還要不要過了？

還有，我是不是也傷了胖太太的自尊心了？

後來，我也目睹了其他的廚孃一樣在喝生水。我，假裝沒有看到。

人生，是處處都要學習，時時都得虛心求教的。

我，又上了一堂課。就在那棟「鬼屋」旅館中。

二〇〇三年九月七日至十日

挑戰體力的兩岸學術交流之行

——北京、青島行

師父又展開了一次精力與體力的大考驗！
從一下飛機開始，就與時間賽跑，
該開示、該接見賓客、該演說的時候，
沒有一樣跑得掉。
這種行程連年輕人也許都吃不消；
可是，師父卻不能有任何耽誤，
仍然照著行程趕。
所以，才會有師兄在私下說，
難怪師父的腳程這麼快，很少有人追得上他，
原來全是練出來的。

九月七日至十日之間，聖嚴師父又展開了一次精力與體力的大考驗——趕！趕！趕！從一下飛機開始，就與時間賽跑，跑得隨行的法師們都已蒼白了臉，喘不過氣。而師父呢？該開示、該接見賓客、該演說、該被眾人「壓榨」的時候，沒有一樣跑得掉不說，頂多也只能在搭乘電梯時，微微一抬頭說聲：「我好累哦！」

不過之所以說「壓榨」，只是我心虛的投射反應！因為師父為了滿足攝影小組的要求，硬是將自己可以休息的時間交給我們，跟著我們跑了一趟天安門廣場以及天壇公園，當天的北京是個秋老虎大太陽日子，氣溫超過攝氏三十度。而我們「折騰」師父的理由非常臉不紅、氣不喘——如果不在天安門等地露個臉，電視觀眾如何知道師父果真去了北京？

趕，只為成就兩岸學術交流

在這四天的行程——七日上午從台北出發，下午四點抵達北京。在北京機場的貴賓廳與來接迎的大陸宗教局、中國佛協要員們寒暄後，穿過北京外環道路的擁擠車陣，在五點半抵達下榻的「西苑飯店」。還來不及洗一把臉的師父，先打了兩通電話至新加坡，關懷當地的弟子，又被拉下樓上車，趕赴晚上七點由國家宗教局與佛協假「全國政協禮堂」（類似我們的國大大會堂）舉行的歡迎晚宴。晚宴結束，返回飯店，等到研商的會議結束，業已過了十一點。

後面三天就不用細說，總之，就是上午五時半起床、早飯、上車趕路，馬不停蹄。然後再是上午五時半起床、早飯、上車趕路去搭飛機到青島。然後，再是上午五時起床，來不及吃早飯，上車趕路搭上午八點的飛機，回台北。

師父能不累嗎？這種行程連年輕人也許都吃不消；可是，聖嚴師父卻不能有任何耽誤，仍然照著行程趕。所以，才會有師兄在私下說，難怪師父的腳程這麼快，很少有人追得上他，原來全是練出來的。

話說從頭，師父這四天的急行軍，是為了出席在北京舉行的「第二屆兩岸佛教教育座談會」以及青島的「法顯赴印取經，由嶗山登陸一五九〇週年學術研討會」。不過，師父倒是很高興能夠於八日上午以貴賓身分參加了大陸佛協會長——一誠長老接任全國佛協會址北京「廣濟寺」住持的陞座典禮。一向不遺餘力地推廣佛教教育的師父，在這兩年奔走下，促成了法鼓山佛學研究所與佛協共同主辦的兩岸佛教教育座談會，而會議的所在地就是佛協所辦的中國佛學院現址──「法源寺」。

陸座典禮十分莊嚴熱鬧，我們三十位左右的法鼓山僧俗代表團也躬逢盛會。會中有一現象十分奇特，近年來大陸的手機發展迅速，幾乎四處皆可看到人手一機。照理說，陸座典禮這種莊嚴的場合，與會者是應該把手機關掉的，但是結果是什麼？我竟然在會中聆聽了各種手機的電話鈴聲！哦！其實應該說是各種音樂吧！其中有「鬥牛士進行曲」、「聖誕快樂」、「夜來香」、「藍色多瑙河」。我是沾了師父的光，才能混進狹隘的佛堂中，擠在眾多法師身影裡，身歷其境地體會了現代科技與人類之間的緊密關係。事後我倒是慶幸一件事，幸好我的手機沒有響。

明星弟子特地來訪

師父在前來北京前一天，曾在台北與著名的大陸功夫演員李連杰做了一場成功的對話。很湊巧地，師父在大陸還有一位著名的演員弟子，也就是以演皇帝聞名的張國立（常昇師兄）。張國立是個工作狂，片約不斷，他適巧在師父抵達北京的數日前又開拍了一套連續劇。常昇師兄雖說忙得焦頭爛額，但是一聽說師父來了，居然在八日晚上提前收工，帶著他的同修——同樣也是大陸著名演員的鄧婕，到飯店來探望師父。

常昇師兄說，他自己是個很無趣的人，平日最愛的興趣就是拍戲，除此之外，沒有任何休閒活動。有時，難免會心煩氣躁，壓力難以排解，此時，師父的著作就成了他的良藥。他擁有十幾本師父的書，已成了他日常生活中不可或缺的良伴。常昇師兄的另一半鄧婕則向師父坦言，她過去對於信仰與宗教可以說是漠不關心的，就算是看著常昇師兄看佛書，乃至於拜佛，她都沒有任何反應；但說也奇怪，就在最近，她經常會焦躁失眠，後來試著觀想觀音菩薩，居然就安然入睡了。

因此，此次聽說常昇師兄要來看師父，她毫不勉強地跟著來了。當鄧婕聽了聖嚴師父一些睿智的開示後，心中有了感動；常昇師兄說，其實他自己很明白，當他見了師父向師父頂禮後，曾發現立於一旁的鄧婕眼中閃現了淚花，話一至此，師父詢問鄧婕想皈依三寶嗎？鄧婕立即點頭了。鄧婕跪下，跟著師父唸完三皈依文後，不禁感動地淚眼婆娑；在她臉上，我們都看到了她的歡喜和愉悅。

當晚，台灣的一位著名編劇張龍光與他的同修也適巧來看望師父。在鄧婕皈依後，他們夫妻倆也跟著皈依了。張龍光已將描寫弘一大師生平的劇本做為他寫作生涯中最重要的一樁計畫，他甚至還曾剃髮短期出家一年，揣摩弘一法師出家的心境，聖嚴師父告訴張龍光，弘一大師對親人、學生、朋友多情，他的情在出家後反而更凸顯了。師父還說，一個好的出家人必然要對萬物多情，他也祝福張龍光能早日寫出叫好又叫座的弘一大師劇本。這還不算，師父為張龍光夫婦取的法名就是「常弘」與「常一」。師父的神來之筆，讓他們夫婦倆激動不已。

於是，我們又多了三位師兄與師姊了。

在這四天當中，因為時間太過緊迫，我那患得患失和急躁、火爆的老毛病又發作了兩次。一次是當著師父的面丟臉，一次則是在師父的背後。此處，藉由表白的機會，又要向師父懺悔了。

別逞一時之快

第一次是我們「吵」著師父去天安門的路上。我們上了巴士之後，司機有些不高興，事後回想，他的不悅可以理解，因為他原本可以將車子停在樹下，即可以休息一天，等到下午研討會結束後再送我們回旅館的；沒想到卻因為我的要求而不得不又「出勤」。一路上，他對如何將我們在天安門附近放下來，而與導遊反反覆覆地推拖著，眼看天安門快到了還搞不定他，我立刻打電話找在故宮工作的朋友，他可以在故宮的東門接待我們，偏偏司機不服氣，不肯開過去。這一下我可生氣了，臉紅了、氣粗了、聲音也大了，於是乎，他咕咕噥噥地將車轉進天安門廣場南側的私人停車場中，而眾人則在僵硬的氣氛下下了車子。如今回想，我有點後悔，我當時的口氣是否太兇了？如果換個方式跟他與導遊溝通，結局是否會圓滿多了呢？

第二次發生在青島。早晨六時出發，過了十二點才進入青島的飯店。為了不延誤時間，導遊要我們先去餐廳吃飯再下行李。我在入座後，發現一個手提袋忘在車裡，於是回頭去拿。就在我走過大廳之際，聽到一位高個子的「山東大妞」（當地的主辦單位人員）叫喚飯店的工作人員將座談會的資料拉進餐廳給我們；非常湊巧地，我聽到她大聲抱怨法師們，意思是法師為了吃飯而不跟她配合。我聽了有些氣憤不平，但忍住了，回到車上拿了東西，再回到餐廳時，山東大妞居然還用同樣的口氣與內容，向不相干的人抱怨。我忍著、忍著，一直到她把資料拿入餐廳裡之後，我終於爆發了，用不小的聲量責罵她怎可出言不遜？一聽我的「怒言」，她先是傻了，繼而走到我身邊伸出手來，要向我道歉。後來，還想訓她兩句，她用受害者的口吻說：「我不是已經跟你握手道歉了嗎？」我為之啞然！

後來，在晚宴的會場中數度和她不期而遇，她有意躲著我，但我可用眼角餘光看到她不時偷偷打量著我。我猜，她心裡一定在想，今天真是倒了大霉，居然撞見了一個惡煞。我一度也想給她一個微笑，既表示我很寬懷大量，不再生她的氣，也可間接對我的惡形惡狀向她致意。不過，始終找不到機會。

但願這次要記得警惕了！要說好話，做好事！

心情點滴

兩岸學術交流

DNA真是不可思議的「玩意」。

我之所以會生氣，愛冒火，八成是得了母親的真傳。母親有一兄一弟一妹，除了小阿姨較生分，只見過一次面，對她的個性不熟悉之外，剩下的大舅與小舅都很「會」火大。據說大舅發脾氣的時候，就算身後架有刀山，他都會不計後果的躺下去。

我在一九八〇年代，第一次陪同父親回南京時，就曾經被捲進大舅與小舅的「紛爭」中。大舅在眾多晚輩之前對著小舅咆哮，我勸架不成，到頭來還跟著大發雷霆——我怪大舅得理不饒人，既與小舅是親兄弟，又有什麼結是解不開的？

小舅的脾氣也不好，對小舅媽與表弟都沒什麼好臉色。他爆躁的個性還導致了嚴重的口吃。

母親更不用說。心情好的時候有如寒冬中的暖暖紅日，既會說笑，也愛唱歌。但是，只要是觸碰到她哪一項禁忌，就算是無心一句話，她都可以火冒三丈高，翻臉不認人。

很不幸的，我如果「變面」（生氣），居然也會有些口吃，成串的話語好像會不規則的隨處斷線——真是氣死人！

生氣是會有報應，是會自食惡果的。

曾經，我在半年之間火大了兩次，也辭職了兩次。第一次是捨棄了老東家，跳槽到另一家報社。半年後，我的無名火再次戰勝理智，我再度辭職，自此與記者的工作劃清界線，一腳跨進了電視製作的行業。

轉行的過程極不順利，與朋友在東京合開公司，朋友的資金一直沒有進步，最後，我的存款點滴不存，公司自是關門大吉。

當時恰好是東京的隆冬吧！一位住在原宿的長輩在家請客。我全身只剩一千多日圓，與同修手挽著手，冷得縮頭縮腦的從原宿車站走到表參道的盡頭，才勉強買到了一個九百日圓的起士蛋糕（而且很小），前去做客。那一晚，我對同修特別愧疚，她還真是倒楣，跟上了這個愛生氣的老公！

後來，回到台灣，我開始學佛。

很多人都說我變了，包括同修在內。

不過，不變的是，我還是會生氣——唯一改變的是，降低了生氣的頻率。

二〇〇三年十月二十二日至二十四日

北京大學研討會的會外會

——北京、青島行

做為「心靈環保與人文關懷」
學術研討會的第一棒，
師父有很強烈的吸引力。
在可容納兩百位左右觀眾的會場中，
早就迫使主辦單位不斷加添座椅；
等到師父蒞臨，會場早已擠得水洩不通，
還有不少人「自願無座」地站立。
師父用深入淺出的方式，
讓在座的觀眾明瞭法鼓山提倡的心靈環保的內容，
以及精神所在。

由法鼓人文社會學院與北京大學聯合主辦，台灣大學東亞文明研究中心協辦的「心靈環保與人文關懷」學術研討會，於二〇〇三年十月二十三與二十四日兩天，假北京大學的英杰交流中心隆重舉行。

北京市吹著西北風，塵砂與落葉漫天飛舞，滿地打滾；氣溫在攝氏三度至十六度之間。聖嚴師父率領的代表團與大陸的專家學者合計將近六十位，以「東亞思想傳統中的身心關係及其現代意義」做為主題，由聖嚴師父做為第一棒主講者，風風火火的揭開序幕。

英杰交流中心的二樓是主要會場，在秋日陽光的直射下，讓人絲毫感受不到室外的涼意。

北京大學副校長遲惠生代表遠赴以色列開會的許志宏校長，提前於二十二日下午，與法鼓人文社會獎助學術基金會創辦人聖嚴師父共同簽訂了「北京大學法鼓人文講座」設置協議書。遲副校長特地當面邀約聖嚴師父於明年選擇適合時間，做第一位主講者，無論是單場，或是系列性的講座皆可，聖嚴師父則做了正面的回應。因此，北大的學子們有福了，日後得以現場聞聽師父的人文學術理論。

師父演講，未演先轟動

做為「心靈環保與人文關懷」學術研討會的第一棒，想當然耳，聖嚴師父有很強烈的吸引力。在可容納兩百位左右觀眾的會場中，早就迫使主辦單位不斷加添座椅，許多北大、清大、人民大學等校的學者們入座等候不說，包括師父在北京的弟子，如名演員張國立、名編劇張龍光夫婦，以及名主持人凌峰、賀順順夫婦……，也在上午八點半提前趕到會場。等到聖嚴師父蒞臨，會場早已擠得水洩不通，還有不少人「自願無座」地站立。不過，原先預定一個小時的演說時間，因為司儀介紹現場眾多來賓，以及法鼓大學曾濟群校長花了十五分鐘介紹聖嚴師父生平，而使得聖嚴師父只剩下十五分鐘得以運用。所以，師父一開始就幽默地說道，感謝曾校長讓他可以多休息一會兒。

為了不影響下一場的時間，師父在僅剩的十五分鐘之內不斷用「跳躍」的方式，將演說主題「從東亞思想談現代人的心靈環保」濃縮再濃縮，但是，師父還是用深入淺出的方式讓在座的觀眾明瞭法鼓山提倡的心靈環保的內容，以及精神所在。

「不過癮！」名主持人凌峰於會後向師父提出許多內心的疑惑，師父慈悲地答應，請他晚上再到師父下榻的住所「對話」；也因為師父的慈悲，又促成了另一段感人的故事。

因緣促使再收明星弟子

凌峰的另一半賀順順是大陸知名的舞者，嫁給凌峰後，賀順順旅居台灣期間，曾有機會接觸過另一種宗教，但是，她因為不能說服自己去接受那一種教義，寧願得罪朋友也無法「妥協」地加入那一門宗教。不過，在接觸佛教後，她緊閉的心扉有了鬆動；偶然間看到了聖嚴師父的文章後，對師父有了景仰心；但是，是否要成為一位真正的佛教徒，她還是在猶豫中。

二十三日晚上，賀順順隨著凌峰以及其他師兄師姊來到了師父下榻的住處。師父用將近一個小時替凌峰解惑（內容十分令人動容、難忘，但此處因篇幅因素，無法一一道來），在座的十幾位幸運聽眾皆聽到忘我的境界，不小的客廳中寂然無聲，只有師父微弱的嗓音迴盪著。

時間過了九點，因為師父次日凌晨五點半必須出發前往機場搭機返台，眾人縱然依依不捨也不得不起身向師父告辭。就在此時，賀順順向師父表示，是否能夠皈依於師父座下。凌峰問賀順順準備好了嗎？確定嗎？賀順順堅毅地點了頭，於是，包括凌峰在內的十幾人默然地退開來。賀順順還來不及面對師父，已雙手捧面，痛哭失聲；退居後側的我們在剎那間都明白了賀順順的心境——她尋尋覓覓地漂流了這麼久，終於尋獲到得以停憩的港灣。於是，我們也跟著紅了雙眼。

聖嚴師父為賀順順取的法名是「常衍」。

辛辣問題，智慧解答

好了！現在要講另一段精彩的故事。

師父在二十三日下午特地前往中華大廈的一間茶藝館，與三十位心理醫師與專家對話。

在這個名為「內省、體驗的心理功能」的演講會中，師父在簡潔的演講中闡明了佛法對安定人心的功能有實質上的幫助。爾後，對話時間開始。

一位社會科學院的許教授舉手發問，他說，曾在網路上看過師父的著作，師父曾在自傳中提及，於十四歲出家時曾因腦袋的「漿糊」而背不了經文；之後，每天禮佛五百拜，歷經三個月，居然讓腦袋的「漿糊」不見，代之的是智慧的開啟，忽然聰明的可以背誦經文。此一體驗很特別，請問此一功力如何而來？

師父回答道，此一經驗是「宗教經驗」，不是心理狀態，他也無法用科學的角度來解釋。不過，當初他不懂得何為「叛逆」，只知道乖乖地聽從師父的訓示，每天上午四點半就在佛前禮拜五百下，誦念觀世音菩薩聖號。也許因為年輕，所以不知道累；也許專注地拜佛、念佛，而體悟了什麼叫做「專心」，才能祛除掉腦中的「漿糊」，開了智慧。這也可以說是因拜佛而放鬆身體之後，氣息通暢、頭腦輕盈，身心皆健康。

另一位女性心理醫師則更是火辣，直接就請師父就出家人如何面對「性」的問題做解答。

師父先是自在的一笑，然後說明佛教徒就出家或在家的身分，對性應秉持的心理與態度。師父直陳，出家人也會有性反應，不是被迫當太監。師父說，僧人是自己願意出家，性功能當然是正常的。但是，「性」不像飲食，人不會因為沒有「性」而餓死。因為出家是自己的選擇，所以要自己處理，要自行做心理調整。女醫師追著問，究竟要如何去調整？師父說：「難道妳想出家嗎？」會場立即像煮沸的開水一般，笑聲譁然。

師父接著說，出家人在發現有性反應之時，要立刻告訴自己是出家人，不能亂了心；如果面對誘惑，要認清那是煩惱心；自己已是出家了，要時時提醒自己，把性的誘惑當做一盞紅燈，是萬萬不能碰的。

師父又補充道，出家人也可能會有性幻想，一旦察覺後，要立刻反省，告訴自己不該去想、去做，並且要懺悔。雖然每天在心中犯了戒，就算沒有做，別人不知道，自己也要在心中懺悔；久了以後，便會淡化，而且逐漸離欲。師父說，他今年已經七十四歲了，古人說過七十是「從

心所欲而不逾矩」，他自己至今一樣惕勵自己。

如何？是不是很出人意表？我心想真是難為師父有此機智，如果是換做他人，真不知會有何種反應？

心情點滴

北京大學研討會外一章

凌峰與賀順順是對十分特殊的夫妻。

早在台灣尚未完全開放的年代，這兩個山東人就因偶然的邂逅而交往結婚。

也因為是名人，他們有「自覺」，必須做好表率的作用，替其他兩岸婚姻的「同路人」做榜樣；所以，就算是再吵架，他倆也避免去觸碰「離婚」的臨界點。

夫妻相處原本就不容易，更別說是兩個在完全不同的文化氛圍中結合的伴侶了。

凌峰的父親是國民黨軍人，賀順順的父母則是不折不扣的共產黨黨員。

賀順順嫁給凌峰，到台灣去做台灣媳婦後，主動且努力的做好大家族「長嫂」的角色。身為老大的凌峰有眾多的弟弟與妹妹，凌峰的家族觀念也很強烈，賀順順居然把凌峰的家人侍候得服服貼貼。憑良心說，這還真不是件簡單的事。

凌峰一向較為大男人（山東人的個性吧！）。但說也奇怪，一向不假辭色的賀順順老母親，對凌峰特別中意。這位喝共產黨奶水長大的醫學界「領導」反而經常告誡女兒，一定要好好對待凌峰這個大好人。更令人驚訝的是，老太太還當著賀順順的面頒給凌峰一道手諭：「順順不聽話的話，你就揍！」

當然啦！這是人家老太太的客氣話，同樣是山東人，同樣是心直口快、刀子嘴豆腐心嘛！更何況凌峰行走江湖多年，絕對看不起出手打女人的臭男子呀！

因為同是師父的弟子，他們夫妻倆居然對我皆「另眼相看」！

我一去北京，賀順順就要請我去她家吃水煎包。她說，凌峰很少會用很多的詞彙去讚美人，但是，他老在順順面前說我的好話；他總是說——只要是聖嚴法師的弟子就壞不到哪裡去！

同樣的，凌峰說，只要跟順順說是跟阿斗出去吃飯，順順絕對沒有二話。順順老跟凌峰說，阿斗跟她是同門師兄姊，別說是人不親土親啦！這種同門情誼，皈依同一個師父根本是幾世才修來的因緣呀！

凌峰不是佛教徒，但是他尊重妻子的決定。

順順不勉強凌峰改變宗教信仰，她說這是平等互惠。

無論是菩薩或天主，相信都會祝福他（她）倆能夠白頭偕老，恩愛亙久。

象岡禪十的前與後（上）

二〇〇三年十一月二十八至十二月七日

師父說，美國人此刻什麼都不缺，唯缺佛法，
當初之所以決定把佛法傳來西方，
就如同當年基督教宣教士
帶著麵粉、舊衣服到中國傳教一樣，
因為當時中國人需要這些物品。
我們提供地方給西方人修行，就是「慈悲心」。
師父苦口婆心地，
希望弟子們能支持他的悲願，
如果只想到自己，
對同樣需要佛法的其他社會，
就沒辦法做更大的貢獻。

師父哭了。

師父在大紐約地區一百多位信眾面前流下眼淚。

很多在場人士先是愕然，然後是悽然，接著內心了然了……。

我在行前根本沒有想到，會看到師父如此令人動容的一幕。記得師父曾經在書中提過，他很少哭泣，唯獨在為俗家母親上墳時痛哭過。

這一次的紐約之行，與過去的幾次是多麼不同啊！

為了辦理以色列的簽證，以便與師父一同於二〇〇三年十二月八日前往中東，我與攝影師阿良提前自台北出發，於紐約皇后區的東初禪寺向剛自賓州大學演講歸來的師父報到。

十二月的中東之行，是我們此行的重頭戲之一，鎮守紐約東初禪寺的常濟法師也為了中東行的籌備工作忙翻了天。

計畫外的拍攝任務

原本，自十一月二十八日至十二月七日在象岡道場舉行的十日默照禪，我們並無拍攝計畫；後來，根據果禪法師轉述，師父在紐約帶領的禪修活動，居然一直沒有完整的影像紀錄，因此，間接促成了我們前往拍攝的因緣。

因為提前到達紐約，所以也順道參加了十一月二十六日在東初禪寺舉辦的感恩節聚會。

東初禪寺的禪堂不大，上午九點半，就幾乎坐滿了一百多位東方與西方的信眾；晚到者只好轉至地下室的齋堂，收看著接播自一樓的實況錄影。

師父於十點下樓入座開示。一開始，師父就提及，一九七八年師父在皇后區林邊（Woodside）落腳，設立東初禪寺時，只有三十六位信眾，師父卻覺得人很多了；當時，師父只單純針對西方人的需要，一心想把佛法傳到西方社會；建立東初禪寺的原意，也就決定規畫成為禪修中心。所以，東初禪寺不是為中國信眾提供抽籤燒香的廟宇，就算後來信眾要求也都不曾改變。但近年來，中國人包括來自台灣、大陸、香港以及東南亞的信眾愈來愈多，西方的信眾相形之下顯得弱勢，因此，不得不另找道場——也就是紐約上州的象岡。

師父說，在美國三十年，歷來經營道場所需的經費多為中國人所捐，所以十分感恩中國人的弟子們，與師父一起把佛法傳來了西方。

不過，近來華裔信眾反應，為何西方人捐款不多，而是中國人捐善款較多，反倒無法滿足中國人的需要與機會呢？針對此一說法，師父進一步委婉解釋道，決定把佛法傳來西方，就如同當年基督教宣教士帶著麵粉、舊衣服到中國傳教一樣，因為當時中國人需要這些物品。如今亦然，我們提供地方給西方人修行，就等於支持師父的信念，這也就是「慈悲心」。

師父的苦口婆心

話說至此，師父一時哽咽而為之語塞，眼淚隨之溢出。師父脫下眼鏡拭淚，會場氣氛有如凍結一般，幾乎可以聽到彼此的呼吸聲，也有些信眾隨著師父紅了眼眶，而頻頻拭淚。

師父用面紙清除了眼淚及鼻水後，清了清喉嚨繼續說，美國人此刻什麼都不缺，唯缺佛法；雖然有些人支持佛法，但往往缺少經濟基礎。因此，師父非常感恩中國弟子支持他興建象岡道場，前不久的義賣也是為此目的。師父說，為了讓象岡道場與美國主流社會接軌，因此邀請了西方專業人士來經營象岡道場，這比我們中國人依賴自己的活動空間要更具影響力。師父並舉例說出，達賴喇嘛在西方都是由西方弟子來護持藏傳佛教，而不是只依靠著西藏人來做。

師父苦口婆心地，希望弟子們能支持他的悲願，不要只想到自己的利益，如果只想到自己，對同樣需要佛法的其他族群，就沒辦法做更大的貢獻。師父指出，在座的一些弟子雖大力支持並捐助象岡道場，但他們自己並沒有來打坐，他們心中想的只是慈善，不是功利；就如同台灣的許多信眾支持師父興建法鼓大學，支持者並不是為了自己或家人將來會去就讀，只是單純地為了支持興學，為了弘揚佛法。

此刻，象岡在建房子，也在建立制度。象岡道場已定位為禪修中心，不是寺院，更不是度假中心。明年，象岡道場完成後，將不斷有禪修活動，有時是師父親自來主持，有時會利用錄影帶或請弟子來指導，也可能會邀請其他的法師來主持；主旨是讓象岡在一年中皆有活動，讓象岡成為目前中國人社會所沒有的禪修中心。

師父隨後也介紹了象岡的執行長——寇爾博士。寇爾博士是被師父的理念感動，辭去原職前來一起努力。寇爾博士在致辭時也率直指出，美國人尤其是在九一一之後，更深刻地體會出需要尋覓一方良藥來醫治重創的心，而這副藥方子，其實就是佛法。

充滿禪修與詩意的象岡

帶著滿懷的憧憬，我隨著來自十方的八十多位信眾來到了象岡道場。這算是我第三次到象岡了。

象岡已入冬，林立的粗細枯枝直指蒼天。

象岡禪堂的地板有暖氣烘著，在裡面打坐，有人穿了短袖，卻完全體會不出室外零度冷冽、尖銳的寒風與錐心刺骨般的寒氣。

象岡的天氣更見禪意，相信別處不易碰到。

就以十二月二日來舉例吧！

清晨七時許，甫用完早齋出了齋堂，就看到建在山坡上的禪堂彷彿被金色的油漆橫面刷過；禪堂上方的天空是黑的，禪堂的坡下也是黑的；面對此一有如仙境般的美景，我摒住呼吸，緩緩回頭看向東方，原來剛露臉的旭日，火光閃亮地展現歡顏，然而，朝陽的上、下方皆被烏雲團團遮住，好似朝陽頑皮地拉開厚重的布幔，剛好只露出那張圓臉，慷慨地揮灑珍貴的熱情、希望和美景。

不到八點，還沒呼吸夠象岡新鮮的空氣，我奮力地、貪心地在湖畔快走，臉上就有濕冷的小雪親了過來。聽到搖鈴聲，我趕回禪堂，靜候師父的到來。

冒著似濃還稀的雪花，師父來了。在師父開示的一個小時內，大雪如鋪天蓋地般任性而來。師父說：「瞧！你們多幸運，修行時沒有了雪總覺得像是少了什麼，氣氛不夠，這下子，夠你們享受了。」

師父開示結束，我急著要阿良去拍攝外面白成一片的雪景，阿良說馬上就好，等

電線收好了就去。但此刻，太陽出來了，剛才下雪時她躲在何處？為何此時絲毫不見嬌羞，紅紅火火地熱情過了頭，反倒有點嚇人呢？我焦急地看著窗外草坪上的雪一點點融掉了，枯草緩緩露了出來，才不過五分鐘光景，阿良錯過鏡頭，再也捕捉不到那淨白一片的世界了。

我有些懊惱，更難免失望。阿良遺憾地說，過兩天也許還會下吧！

有「功夫皇帝」之稱的著名影星李連杰這回也來了，他對這場雪一樣有好感。他在小參時還跟師父說，師父在禪堂中才說到水，才談到空，窗外就下起漫天大雪，害得他差點要大笑起來。

就在小參進行中，李連杰提到了廣度「眾生」一事。師父說，大菩薩也許不會流淚，他因為不是大菩薩，所以還會流淚。不過，師父也說，為自己流淚是煩惱，為「眾生」流淚是慈悲，他念茲在茲的就是眾生。

僅僅是聽到師父這段話，我這趟紐約的意外之行，直覺是福報有夠大了。

二〇〇三年十一月二十八至十二月七日

象岡禪十的前與後（下）

——李連杰在美國的禪修之行

在象岡的十天之間，李連杰滿心歡喜。
自他十一歲得到全中國武術冠軍之後，
三十年來，他從來就沒有體會過這十天的自在。
過去的他太忙，忙到沒有機會、
沒有時間去審視內心，
但是在這十天之中，他喜獲自我。
師父的教導適時地補強了他的不足，
為他往後的修行之路清除了障礙，
其重要性不可想像。

當今國際影壇之熠熠紅星，在紐約象岡道場的大殿裡安然入座，低眉闔眼，無己亦無他地跟隨著聖嚴師父進行十日禪坐。他與其他八十幾位禪眾融成一氣，一同排隊進齋堂，打飯進食；一同拿著拖把做「出坡」的工作；就連晚上的安板，他也與其他男眾一樣，在禪堂後部的地板，貼著落地窗邊，鑽進自己的睡袋裡，酣然入夢。這十天之間，就如師父所說，他把塵俗的名利與事業的拚搏全部放下於三門之外，一心修禪，一心向佛。他就是你、我皆熟知歡喜，有「功夫皇帝」美譽的李連杰。

禪十期間雖是禁語，唯有「小參」時得以將自己的疑惑就教於法師。趁著此一機會，我在一旁聽到了李連杰與聖嚴師父的對話，這是繼他倆在台北國父紀念館進行「無名問無明」的精采對話後，又一「傑作」。

真的要感恩師父的慈悲、細心與機動。師父見我像是食髓知味的老饕，貪婪地盯在師父與李連杰身邊瘋狂地作著筆記；於是，乾脆在滿十之後，邀請李連杰與一同來打禪十的好友李俊毅，做了一場正式的對話，以饗「不一樣的聲音」節目的電視觀眾。

「不一樣的聲音」主持人葉樹姍無法在這麼短的時間之內趕來紐約，

聖嚴師父乾脆一肩挑起了主持人與對話者的重任；錄影所在處便是師父在象岡的寮房。對話自李連杰與師父結緣的故事開始，拉開序幕。

感謝善知識的接引

李俊毅是位非常精進的佛教徒，平日也深入經藏，對佛經的研究與他的專業——電影編劇同樣傑出。大約兩三年前，他到李連杰在美國的住所遊玩，發現打羽毛球的李連杰居然一邊打球一邊在誦念六字大明咒。李俊毅的此一發現，促成了李連杰與他的因緣，兩人因此成了學佛路上的默契道友。

李連杰邀約了李俊毅一同前往大陸拍攝電影《英雄》。李俊毅臨行前在家中書架上毫不猶豫地拿了聖嚴師父所著的《正信的佛教》、《學佛群疑》、《金剛經講記》等著作，也好讓李連杰在拍片現場得以擇空修習。

當時學佛已有五年的李連杰事後談起，在拍《英雄》期間累病了，進醫院注射費時的點滴；李俊毅陪在他身邊，便順手將師父的《金剛經講記》遞給了他；李連杰自此對此書愛不釋手，就算在現場等候燈光師打燈的十分鐘，他或是手捧此書研讀，或是就某一句經文的註解，與李俊毅做熱烈的切磋。李俊毅形容，李連杰一上戲就開打，一下戲就專注地參悟佛經。

拍攝《英雄》一片，前後用了五個月的時間。李連杰有空就看書，但是其他的工作人員與演員都在閒聊，乃至無聊枯坐；李連杰就刻意尋找話題，將他們引導至佛法上；五個月之後，將近百分之八十的工作夥伴都受了他的影響，可以概談佛法了。

李連杰成名的第一部電影是《少林寺》。藉由此片揚名立萬的李連杰於是有了省思，學習密宗的他自覺對禪一竅不通是說不過去的，他下定決心，要認識聖嚴師父，並且好好地追隨師父，深入禪學的浩瀚領域。

「無名問無明」的投石問路

李俊毅的姊姊李雅雯師姊恰好是法鼓山的義工，連義母何美頤師姊都是法鼓山的大護法。在李俊毅的穿針引線下，法鼓山很快就有回音，不但安排李連杰與師父會面，並且還安排了李連杰與師父公開的對話。

李連杰磊落地承認，當時的他退縮了；他有點怕，不敢與師父對話，他怕說錯話，怕不得體，便以工作忙碌做為託辭，躲到一邊去了。

但是，李俊毅並沒有輕易放過他。隔了一陣子，李俊毅向李連杰舊事重提，李連杰終於想通了。李連杰說，他接觸過的藏傳法師乃至活佛，對他皆十分和善、客氣，就連閉關時都有人送茶送水，呵護備至。於是，他體會出，需要尋找一位嚴厲一點的法師來管教、督導他才行，而聖嚴師父不是就在眼前嗎？

他點頭同意了。「無名問無明」對話在台灣如春雷響起一般，激起大眾與媒體的注目與回響。李連杰在「無名問無明」對話中謙沖為懷地向師父請益，並明言是來向師父「問路」的，象岡的十日禪於焉促成。

學禪，重新認識自己

在象岡的十天之間，李連杰滿心歡喜。李連杰感性地剖析自己的心境，他說，今年（二〇〇三年）已四十一歲；自他十一歲得到全中國的武術冠軍之後，所到之處皆受到矚目，也可以說是成了眾星拱月的天之驕子。三十年來，他從來就沒有體會過這十天的自在與自我——睡地板、打掃、排隊吃飯、排隊上廁所、每天禁語……，沒有人找他簽名，沒有人找他拍照……。過去的他太忙，忙到沒有機會、沒有時間去審視內心，去檢視人生觀，但是在這十天之中，他喜獲自我。當然，十天之內，他會腿痛，會腰痠，就算把當年習武的吃奶力氣都拿出來了，也還是避免不了來自肉體的考驗與試鍊；可是，當他一側身，就看到身邊六十幾歲以及身後七十幾歲的老菩薩如此堅定、如此沉著地用功著；他既感慨，又悸動，當下就告訴自己，一定要全力以赴。

十天來，與眾人團體修行讓他受到莫大的鼓舞；象岡道場的優良環境，使他得以更積極地修行，而師父每天三次的開示更是重要。每天，他因打坐便會興起一些疑問，恰好師父在每場開示中，皆用十分簡練的說法直接點及佛法的精髓，如中觀，如直觀。藉由師父的說法，深切自省，原來過去的他在腳步不穩定的情況下爬得太高了。幸運的是，師父的教導適時地為他打下了基礎，補強了他的不足；這十天，對他往後的修行之路清除了障礙，其重要性不可想像。

禪修圓滿，每一個人都要回到自己原先的崗位，繼續生活，也需將佛法運用在生活之中，繼續修行。當然，人之所以為人，免不掉要受七情六欲的影響，而離別的不捨與流連，還是會折磨多情的眾生。

賦別的上午，用完早齋，李連杰在禪堂外的林間、行道走了一圈又一圈，幾許徘徊，他哭了。流完眼淚，他回到禪堂後端，在睡了十天的地鋪上打點行李；看到他的身影，我有預感，有一天，他會再回來，會回到這方讓他感動，讓他成長的道場、土地……。沒錯！象岡會等到他，師父也會等到他的，我絕對、絕對相信……。

後記

李連杰說，他至象岡參加禪十的當天，是由一位著名的美國編劇駕車陪同。因時間已晚，編劇與他在齋堂一同用藥石（晚餐），而藥石的菜單是一碗湯與一片麵包。他笑道，當時坐在他對面的編劇用促狹的眼神看著他，意思是，看你這十天的日子要怎麼熬過去？

不知道十天之後，再次到象岡來接李連杰的那位編劇，會用哪一種不同的眼光來打量李連杰？有機會，真的很想再問一問李連杰。

心情點滴

象罔禪十

英雄也會有淚。

身為有情眾生的「人類」，從出生之後，就與「哭泣」以及「歡笑」無法分割了。連「英雄」李連杰都會有柔軟、流淚的一面。當然，他笑起來也是「聲勢浩大」，渲染得連在一邊的我也跟著開心了起來。

「哭泣」與「歡笑」成為對比；「哭泣」卻比「歡笑」具有爭議性。「歡笑」是毋須簾幕，不用遮掩的。打從內心裡昇華起來的愉悦，不僅有益自己的身心健康，也能博取周遭人們難以抗拒的好感。不都説，伸手不打笑臉人嗎？可見「歡笑」對人類來説是利人又利己的。

來談「哭泣」吧！

一位知名的資深作家曾在文章中形容過人的那張臉。他描繪道，人的眉眼是草字頭，鼻樑與兩頰的顴骨形成一個十字；加上下面那張嘴，就成了一個不折不扣的「苦」字了。「苦」與「哭」音近義也聯，「苦」與「哭」堪稱為孿生兄弟。

「哭泣」因性別而有不同的詮釋方式。

針對女性，尤其是貌美的少女，「哭泣」不但不會被男人厭惡，還因哭泣對象之不同而被多重美化。於是，「梨花帶淚」、「珠淚暗垂」……，不食人間煙火的漂亮文字便應「景」而生。但是，請女士們千萬注意，年紀長者與相貌平平者是萬萬「享受」不到這種非凡待遇的，否則，「哭得像河馬張嘴笑」等噁心的不營養用語，是會從天而降，躲都躲不掉的！

男人則萬萬不可與「哭泣」畫上等號。

無論古今中外，男人是必須與「哭泣」隔絕關係的。「哭泣」意味著男人過於軟弱，甚至懦弱；「哭泣」會讓一個理當頂天立地的男子漢遭人看扁了；君不見「三國演義」之中也不忘消遣那愛哭的劉備？（再怎麼說，他也算是一國之君哩。）

不過，隨著人類智慧的開發與觀念的「勘誤」，「哭泣」對人來說，總算有了正面價值的註解。有此一說，認為「哭泣」其實是一劑良藥，它能紓解人類的壓力，能分解人類胸中抑鬱的塊壘。得以在關鍵時刻，用「哭泣」來洗滌徬徨無依，或煎熬難忍的心靈塵垢的人，基本上比較不會把自己逼上懸樑、跳樓自殺的絕路上去。

面對「哭泣」，我是用羨慕的角度去看稚童的真性情以及隨興所至的潑灑與盡性。你瞧！從肚子餓了、尿布濕了、鼻子癢……到不小心摔跤、拿不到桌上的玩具、吃不到嘴裡的餅乾……，不喜歡某一個人、討厭某種動物、不肯去幼兒園（托兒所）、不願媽媽上廁所關門、不高興爸爸一個人去上班……，只要有一點不如意，就可張開小嘴，扯開喉嚨，不哭它個驚天動地就絕不罷休！同時，更寫意的是，只要大人好心來哄（如果有糖果來逗更好），管他眼淚還在臉上，立刻便可咧嘴一笑，歡欣鼓舞的比大人中了樂透還開心……。這一招，在大人世界裡，是絕對絕對不能，也不被允許成立的。

不過有些人在不對的場合，不適宜的氛圍中落淚啼哭，倒也令人生厭，絲毫教人產生不了「共鳴」的作用。有一位知名度頗高的藝人經常在電視節目中涕泗滂沱，他的哭泣是突如其來的，像是晴空萬里的好天氣中，忽然降下了大雨，讓你錯愕，也讓你不快。我想，「哭泣」對他而言，算是表演的一部分了；而這般沒有營造氣氛，沒有醞釀過程的演技，不但感動不了觀眾，說不定還收到令人反感的反效果。在我們的日常生活中，類似這種會哭卻不懂得哭的差勁演員，還真是比比皆是呢！

以色列的和平之旅（上）

二〇〇三年十二月八日至十三日

在猶太與阿拉伯婦女領袖的座談會中，
師父說，戰爭多半由男性挑起，
在這種情況之下，
女性為世界和平所做的努力就更令人尊敬了。
既然雙方都知道彼此痛苦，
如果有一方能運用智慧稍做退讓，化解危機，
並不意味著退讓者會是吃虧的一方！
我從有些婦女的顏面線條逐漸舒緩中，
讀出了她們具有自省的能力與勇氣。

二〇〇三年十二月八日，聖嚴師父帶領著翻譯羅貝卡、果耀法師、常濟法師、攝影師阿良與在下，踏上了不安的土地——以色列之行的旅程。

出發之前，師父故意以幽默的口吻詢問攝影師，所有的人都說中東太危險，最好不要去，不知道他怕不怕，如果害怕還來得及打退堂鼓。攝影師阿良不假思索的，就堅毅地搖了搖頭。

師父沒有問我。

我倒是反問了自己，我甚至還在想，如果此行能夠平安回來，當然是要託師父的福；就算是出了意外，有什麼三長兩短的話也很好哇！這會是莫大的福報，因為……嘻嘻！師父與兩位法師可以就近幫我「助念」啊！

深入聖地，只為和平任務

才一進以色列的國門，我們就深切感受到不安的氣氛。我們一行六人在海關被留置了將近四十分鐘，就算是以色列外交部派有專人接待也不管用。在緊張與等待的焦慮之中，以色列海關派了兩、三組人輪流上場問話，原來我們持有的護照分別來自台灣、香港、加拿大、美國，這讓他們起了疑心。同樣的情況在八天後重新上演，當我們在回程辦理出關手續時，也被盤問相同的問題，這還不打緊，行李檢查雖是在優惠的禮遇之下，仍被翻查得滴水不漏；好不容易通過檢查，師父不禁感歎道，真是被折磨到少了半條命啊！

從特拉維夫機場到我們的目的地耶路撒冷，約有四十五分鐘的車程。沿途的公路標示皆有希伯來文、阿拉伯文與英文三種文字，這已充分顯示了此地複雜的種族關係。至於公路兩側的景觀也十分特殊，除了少部分用再生填土的良田之外，或是裸露於表土的大小岩石，或是寸草不生的荒山，真是只有一個「窮山惡嶺」得以形容。

哦！忘了一件最重要的事不曾說明，師父此次之所以「明知山有虎，偏向虎山行」的前往危險之鄉——中東，不是以法鼓山創辦人的身分去推廣佛法，而是以世界宗教領袖理事會董事的職務，偕同了二十幾位不同宗教的領袖前往，實際地去聽取不同種族、不同教派的聲音；就如同師父所形容的——他們像是一群替病人診病的醫生，到病患的家中去望、聞、問、切，替病人對症下藥；也就是替紛爭中的居民們尋求和平與平安的訊息與途徑。

世界和平，女性的努力更令人敬佩

正式活動的第一砲就是猶太與阿拉伯婦女領袖的座談會。沒想到，兩路人馬堅持立場，砲聲隆隆，針鋒相對，互不相讓，幾次都瀕臨不歡而散的邊緣；坐於首座的師父憂愁滿面，只差沒有搖頭興歎了。好不容易，師父可以做開示了，師父思考了半天，十分沉重地開口了。師父說，世界的各次戰爭多半皆由男性所挑起，在這種情況之下，女性為了世界和平所做的努力就更令人尊敬了。

師父希望此次的中東之行，能夠呼籲雙方伸出溫暖的手，先做朋友，然後瞭解對方，也好讓對方知道自己在想什麼。就如同剛才聽到巴勒斯坦兩位女性憤怒的發言以及此間以色列猶太婦女的痛苦反駁。既然雙方都知道彼此痛苦，又為什麼要像在獨木橋相遇卻互不退讓的兩個人，要兩敗俱傷地摔到橋下去才罷休？如果有一方能運用智慧稍做退讓，化解危機，這並不意味著退讓者會是吃虧的一方啊！

師父擲地有聲的開示結束後，現場的空氣一時之間彷彿凝結了一般，幾乎可以聽到彼此的心跳聲。

師父雙手合十，用悲傷的眼神巡視在座的每一位婦女；我不知道此時她們的內心是否因師父的開示而有所翻攪，但我從有些婦女的顏面線條逐漸舒緩中，讀出了她們具有自省的能力與勇氣；真希望一干血氣剛硬的魯男子們都能聽到師父此一暮鼓晨鐘的開示。

從餐宴中看出不同的民族性

我們有兩天的時間拜會猶太教、基督教、伊斯蘭教的領袖。

某天中午，我們自耶路撒冷搭車前往特拉維夫，與猶太教的以色列代表共進午餐，並且有場討論會；這位代表等於是猶太教在以色列的最高領導者。一向身陷口腹之欲而不知自拔的我，在前往時十分興奮，心想既是代表宴請，這頓飯必可大打牙祭了。進入他家的客廳後，我看到牆邊一方桌面上放有茶水與餅乾、乾果等零食。我想，這代表真有心，大概是先讓我們用茶點暖暖胃，等一下必有盛宴得以期待。因此，我頗為保守的只喝了杯咖啡，不要讓胃口太快就滿足的鳴金收兵了。

但是，情況有些不對，才不過二十分鐘而已，座談會居然就開始了。……咦？午宴呢？為什麼還不見蹤影？難道？……不可能！堂堂大代表是絕對不會向我們的腸胃開玩笑的。

悲劇終究還是發生了。沒有錯！所謂的「午宴」就是那些寥寥可數的茶點啦！

歸途中，我坐在師父旁邊，忍不住向師父抱怨道：「師父啊！不經一事不長一智，這一下我終於知道為什麼大家都形容小氣的人是猶太人了！」師父露齒一笑，舉起了手，我嚇了一跳，以為師父要訓斥我，舉手要打我的頭，趕緊緊閉雙眼；可是，沒有哇！我睜開眼睛再看師父，師父還是盈盈笑著，用手指

著自己的肚子說，師父也餓著肚子，還沒有吃飯哩！

喔！原來如此，雖然果耀法師為師父準備了便當，可是在剛才那種情況之下，師父也實在不方便打開便當吃起來啊！誰說只有我餓著肚皮？其實師父也陪著我們一起捱著餓啊！

這一天的挫折立即在第二天的中午獲得安慰與補償。我們前往聖喬治教堂，在中餐後要與耶路撒冷以及中東的聖公會區主教會談。

這一支教派原屬天主教會，後來脫離，成為英國教會。聖喬治教堂建於一八九〇年，近年專門收容巴勒斯坦難民。

這一頓值回票價，讓我可憐的肚皮撐到晚上還無法消化完畢。當然，晚飯是省下囉！

師父宗教新見解，令人懾服

最值得大書特書的是我們在十二月十三日通過封鎖線，進入巴勒斯坦自治區，在巴勒斯坦行政長官辦公室會見巴勒斯坦總理柯瑞。

師父對總理柯瑞提出建言。師父說，此次的宗教領袖們希望能為以、巴雙方的認知做個橋樑，他們深信所有的人類皆希望和平，但和平要從內心的和平做起。不過，因自私與欠缺安全感等諸多因素，使得和平成為空洞的口號。師父並且強調，宗教與宗教之間沒有問題，但願政治人物能夠聽聽宗教人士的聲音，從而改變他們的想法，拋棄我執，為生靈多謀取一些福利。

師父也特別舉例，在猶太人的眼中，聖地是上帝所賜，尤其是屯墾區的猶太人；在巴勒斯坦人的感情中，這也是他們列祖列宗的國土。不過，師父認為，任何宗教的教義如果與人類的和平有所牴觸，其教義就需要重新解釋。師父的見解令總理柯瑞十分佩服，會後還託人專門向師父致意。

在與以色列內閣閣員的對話中，師父同樣指出，他在美國遇到一位回教徒的男士說，回教的所謂「聖戰」，是指如何戰勝內心的邪惡；但是此次在以色列聽到一位回教婦女說，誰搶了她的土地就要對抗，這就是「聖戰」。師父自己則相信「聖戰」應該是戰勝人們的邪惡與自私之心。然而，師父認為，我們對回教徒要伸出溫暖的手，與他們做朋友；一些極端分子在短期內也許不太能夠改變，但假以時日之後，也許大多數溫和的回教徒還是會影響他們的。

師父精闢的見解，也讓以色列總統的宗教特別顧問再次要求與師父深談，並且希望有機會能到紐約象岡再向師父請益。

因行程太趕，我們有幾次沒有來得及吃飯，師父常回過頭來照拂我們、關心我們，而他自己往往累得說不出話來。就連返回紐約的當天，也是在凌晨二時半出發，前後耗費了二十個小時才回到紐約。

中東之行，我們算是平安回來了。但是，在那方顛沛多事的「聖地」上輾轉折騰的人們呢？他們何時才能得到真正的心安與平安呢？

生活在台灣的我們，是否也應該好自思量一下呢？

以色列的和平之旅（下）

二〇〇三年十二月八日至十三日

飛機才一起飛，
我座位後方的小娃娃就尖叫地啼驚四座。
我扭動著身體，
無奈地把目光移向窗外如絮的雲朵，
想轉移耳朵受難的注意力；
忽然福至心靈般，我領受到師父的祝福了。
我懺悔地對自己說，境由心起，
於是，趕緊轉換心念，
在心裡稱他「小菩薩」千百回，
小娃娃立刻就不哭了。
只要用心，起心動念就會左右你的喜與怒！

這次中東之行，因為是緊跟著紐約的十日禪之後，我由台北至紐約再至中東，「時差」成了無所不在的頑皮精靈，隨時都有可能從哪個角落跳躍出來，弄得你迷糊且失神。

同樣的，長途飛機旅行最害怕的就是碰到剛出生幾個月至二、三歲的小乘客。面對這種有理說不清的小朋友，你不但不能因為他的啼鬧不休而怒目相向，還會因此陷入坐立難安的窘境，甚至會萌生奪機門而逃的荒唐念頭。

「時差」是深植於自己的形體之中，摸不著也看不到。經常，在熟睡中，忽然就醒了，有如急駛於高速公路的車子，忽然油沒了，停了，再也無法發動，連一點商量的餘地都沒有。於是，套用以前的經驗，用「數息」的方法來催眠自己，從一數到十，再從一數到十，再從……偏偏這次旅途不靈光了，簡直愈數愈清醒，腦袋比在禪堂打禪七還要清明。我不知道躺在耶路撒冷教會旅館內的自己，下意識中是否在恐懼何處會傳來炸彈聲，弄得自己既無法安心，也不能安身，以至於讓「時差」如此囂張的盤據了身心。

小魔鬼變成小菩薩

「小魔鬼」！沒錯！我是這麼稱呼他們的。從紐約飛往蘇黎士（要在此地轉乘飛往以色列的班機）的飛機，就在緊鄰後座的位置上，出現了一位大約一歲上下的「小魔鬼」，在將近十個小時的旅途中，從低聲的哭鬧到拔尖的乾號，相互替換，無止無休；他那年輕的父母輪流抱著，卻沒進一步瞭解他是因機內艙壓難過？口渴？尿布濕了？肚子餓了？……才會如此有耐力的折磨自己以及無辜的我們？偏偏此次為夜間飛行，如果不睡的話，到了目的地就會是嶄新的一天呀！屆時兩腿發軟，兩眼都要如熊貓般畫上黑圈圈。

好不容易熬到目的地，飛機停靠好了，嘿！這位「無敵小金剛」居然也自父親的懷裡落地，歡天喜地的在機內跑了起來！我兩眼冒金星，腦子如短路的電腦，符號亂跳，濃煙自七竅往外冒……。

聽了我對「小魔鬼」的形容，師父笑了；但是，坐在同樣一排的果耀法師與常濟法師居然還是有辦法用分期付款的方式睡著。師父笑道：「你運氣不好，祝福你在往下的旅程中不要再碰到。」

想知道我有沒有再遇到「小魔鬼」嗎？答案是……，有啦！

想知我有沒有抓狂嗎？答案是……沒有啦！

從中東回紐約的機上，還是碰到了，就連從紐約飛回美國西岸的飛機上，在我的正後方，也出現了不到半歲的小娃娃。飛機才一起飛，小娃娃就像被針扎到一樣，尖叫地啼驚四座。我扭動著身體，正不知如何是好之際（客滿，無法換座位），想起了師父的祝福。

師父的祝福應該會有用的啊！

我無奈地把目光移向窗外片片如絮的雲朵，想轉移耳朵受難的注意力；忽然福至心靈般，我領受到師父的祝福了！我懺悔地對自己說，根本就不應該稱呼人家小朋友是「小魔鬼」的呀！境由心起，既然你罵他是「小魔鬼」，他如不繼續來干擾你，不就太不夠意思了嗎？於是，我趕緊轉換心念，在心裡稱他「小菩薩」千百回，嘿！居然不哭了！在剩下的數小時內，只在飛機下降時哭了一下，就像是跟我說再見一般！

誰說師父的祝福沒有用？

至於「時差」？師父說，他以前不會有，但最近二、三年也會有「時差」了！我後來想想，還是識相一點好了，不要事事去煩師父；如果不是我問師父的話，我也不會知道師父有「時差」，而師父連吭都沒吭一聲，我憑什麼為此大呼小叫的？

不去理它的結果是什麼？哈哈！我贏了！就算是「時差」來拉我的頭，拽我的手，可是不去理它，起碼可以迷迷糊糊的養精蓄神耶！

只要有心，只要用心，起心動念就會左右你的喜與怒！跟在師父身邊，值得學習、啟發的機會太多太多，重點是愚癡的自己能否頑石點頭罷了！

從以色列的聖地——伯利恆回到耶路撒冷的邊界崗哨時，也發生了一個故事，值得在此與各位分享。

意外的插曲

伯利恆位處於巴勒斯坦自治區，以色列士兵對來往邊界的車輛都要嚴格檢查盤問。去程之時倒還好，回程的邊界處，聚集了不少兜售記念品的小販，或是二、三十歲，四、五十歲，也有十歲出頭的，都是清一色男性。當車輛排著隊準備過關時，他們有如揮之不去的蒼蠅，或是敲窗或是拍門，甚至自己動手開窗來賣手工藝品。

坐在我們車上的幾位工作人員打開窗子要買東西了，我們這一邊坐著的五個人因而也遭到騷擾；坐於前座的師父閉目養神不為所動；師父後座的常濟法師被小販冠以帽子，常濟法師趕緊將帽子摘下，塞回給小販；我跟後座的攝影師阿良打手勢，要他用手堵住窗子，不要被小販隨意打開。

突然，幾位工作人員與小販們因為討價還價而發生了口角，氣氛變得詭異了起來！他們索性把東西退回去不買了，巴勒斯坦人開口罵街，攀著窗子不讓車子向前，而久候於前的荷槍士兵已揮著拳頭對我們的車子咆哮。好不容易，我們隨車的一位東正教神父把小販們斥退，車子才得以前進；可憐的司機還被士兵兇了一頓。

目睹了紛亂的一幕，我一度衝動的想罵那幾個工作人員。原本就是「天下本無事，庸人自擾之」嘛！那些巴勒斯坦小販每天在邊界守著來往冒煙的車輛，無非是想賺得一點蠅頭小利，溫飽家人，如果那些工作人員真心要買，就不該殺價殺到與小販翻臉的程度；反之，就不要吩咐常濟法師開窗，不但把常濟法師捲進去，還弄得情況一度緊張。

我因此在想，依小販訂的價錢購買紀念品，或許是一種慈悲；不開窗，不去招惹他們，不去傷他們的自尊心，是否一樣也是慈悲呢？

本來想請教師父的，但因後來的行程太趕，連午飯都來不及吃就趕往以色列的總理府，所以就耽擱了下來。

這一天的是非還真多！我們餓著肚子去與以色列官員開會，一位東方教派的長老居然因為被打斷冗長的意見發表，而氣短至拂袖而去，搞得全場十分尷尬。及至會後，又耽誤了很多時間，因師父於是晚在特拉維夫有場菁英座談會，車程要二小時，時間十分緊迫，而大會提供的車輛卻又遲遲不來，我們只好臨時叫計程車。師父的車子先來，及時趕回飯店準備出發；我與阿良的計程車許久才到，但我倆才要上車，大會的車子也到了，祕書長就叫我下計程車，在這種情況之下，我能把叫來的車子退掉嗎？更何況耶路撒冷的計程車皆由生活較苦的巴勒斯坦人所經營。於是，我對祕書長大聲的說聲「ＮＯ！」就要計程車開往目的地。沒想到，這位祕書長在事後向常濟法師告狀，說我那聲「ＮＯ！」太大聲！哦！阿彌陀佛！我還來不及因為他在邊界以及安排行程的不當而罵他呢，他還真是惡人先告狀！

師父慈悲，沒有因此事而責怪我；反而在次日要我帶阿良去吃頓豐盛的餐，以彌補那二天因飲食不定所消耗的卡路里。我拿了雞毛當令箭，帶著阿良到巴勒斯坦人開的餐廳去「探險」，還真是非常有趣。

永遠走在前面的師父

師父在中東的八天中非常辛苦，不但行程趕，必須說話的場合多（師父是此行主席團之主席），飲食不定，睡眠不足，但他永遠走在最前面；有兩天還來敲我們的門，怕我們睡過頭，錯過了早飯。（慚愧啊！慚愧！）

就在公事行程結束後，我還很「狠心」的地哀求師父，在攝氏四度的寒冷天中前往耶穌在耶路撒冷古城背十字架的「苦路」上來回走了二遍，以利「不一樣的聲音」節目收錄。看到師父在坡道、台階上走得上氣不接下氣的氣喘吁吁，我的慚愧心再次油然而生。其實，七十四歲又病痛纏身的師父，不辭勞苦的度化眾生，他走的何嘗不是另一條「苦路」，而愚癡的我們真能體會得出師父的悲願嗎？

後記

在特拉維夫的路邊，有一位抱著孩子與朋友在聊天的以色列婦人看到師父下了遊覽車，就刻意過了馬路，用英語向師父致意。她說，此時的以色列如果有了佛法，也許就不會有戰事了。

離開以色列才一個星期，又傳來了特拉維夫街頭「人肉炸彈」的慘劇。

猶太人與巴勒斯坦人之間的仇恨何時才能化解得掉？

這個問題，我問過師父，很多人也都也問過師父。

而師父，只是皺眉，搖頭，無語。

心情點滴

以色列

二〇〇四年五月，再次前往紐約，在通關之時，移民官自我的護照上看到了以色列的簽證，當場就用嚴肅的口吻問我，是為了何事去以色列的？我據實以報，他不再說話，蓋了章就讓我過關了。

另一個櫃檯，攝影師阿良也被問到了同樣的問題。

以色列似乎真的是個敏感的話題，敏感的國家。

我想起了特拉維夫街頭的母親。她臉上的不安與憂心應該是以色列所有母親的寫照與縮影。

同樣的，就在那個箭拔弩張的會議中，無論是巴勒斯坦或是猶太裔的婦女代表們，當她們為了己方的立場而互相指責，針鋒相對時，她們肯定也不會忘記，在前來參加會議之前，或許已在家中為孩子煮好晚餐，或是在電話中已再三叮嚀孩子要把功課寫好……。

就如同師父在會議中所言，我也深有同感——要想導引兩個由男性操縱的對立集團，自仇恨、矛盾的高牆裡走出來，或許真的是要靠婦女們發揮柔性訴求的技巧與本能，才能見到可貴的轉機。

早在我還是四、五歲，甚至更小的時候，住在村子第一戶的王媽媽與後面的張媽媽在水井邊先是有了爭吵，而後，兩人居然扭打了起來。當時，我們的村子是在大馬路的下坡處，有許多路過的人就站在馬路上看起了熱鬧。我依稀記得，兩位鄰居媽媽戰況慘烈，連衣服都撕爛了，尤其是平日較為文靜的王媽媽最慘，連拖鞋都被踢得老遠老遠……。

打輸的王媽媽沒過多久就搬家了。我從此卻在路過打贏的張媽媽門口時加快了腳步，我下意識中有些不安，怕她哪天是否也會和我的母親發生爭打。

奇怪的是，王家與張家的兩位家長（男人）卻都相安無事，既沒有臉紅，更沒有發生糾紛。據說，王伯伯的官階較高，但沒有對張伯伯施壓。張伯伯的嗓門一向很大，但是事情發生後，他也不曾大聲嚷嚷過。

哦！……我懂了！也許，那是我出生後第一次被人與人之間的「戰爭」所震懾住了！（嚴格說來，應該是女人與女人的「戰爭」）

碰巧，就在那晚，巴勒斯坦與猶太婦女，就像是當年的王媽媽與張媽媽，再度活生生的出現在我眼前……。

二〇〇三年十二月十八日至二十一日

遙遠的福地

——溫哥華

灑淨當天上午，天寒地凍，
就在寒風之中，師父帶著僧俗弟子一百多人，
為這方福地做了莊嚴的法事。
儀式方才結束，
厚重的雲層就如沉睡後睜開了眼睛一般，
一道霞光毫不吝惜地自空隙投射了下來。
冬陽中，我瞇著眼凝視著前方，
原先只存在於簡報中的道場原型，
此刻已然矗立在黑色泥土之上，
在陽光中熠熠生輝，莊嚴奪目。

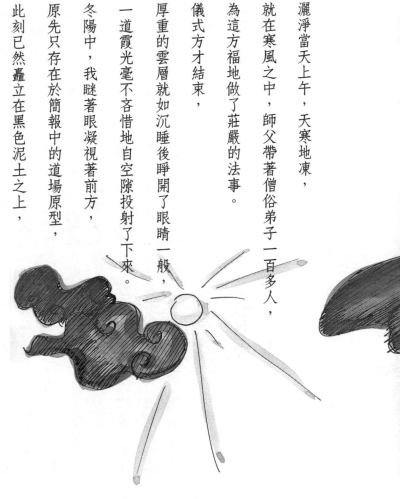

風景如畫、氣候宜人，就連酒肆饌食也皆物美價廉，這就是近年來被全球華人視為移民天堂「溫哥華」的最佳寫照。

聖嚴師父每年需要數次往返台北與紐約的道場，照理說溫哥華可以成為師父中途的休憩站，更何況師父對溫哥華的風土人情一向是讚不絕口，甚或直指能夠居住在此一福地的菩薩們皆是大大的有福報；但是，說也奇怪，法鼓山明明在溫哥華有分會，溫哥華當地研究佛法、親近佛教的信眾也不在少數，師父卻是長達八年都不曾踏上這塊「人間天堂」。

因緣饒是如此有趣。正當溫哥華的菩薩們起心動念，決定邀請師父前往演講弘法了，卻又因故臨時取消，師父改到西雅圖舉行了一場「紅紅火火」的演說，許多由溫哥華趕至西雅圖聞法的菩薩想來一定頗不是滋味。爾後，再許下另一次約定，卻又正面撞上SARS疫情，師父的溫哥華之行免不掉又黯然延期。

終於盼到師父

只能以「皇天不負有心人」來形容吧！溫哥華終於等到師父了。二〇〇三年的十二月十八日，師父還來不及抖落以色列和平之旅的疲憊與辛勞，就又整理行裝，飛往溫哥華。我與攝影師阿良提前一天由紐約飛往西雅圖，再由守候於西雅圖的陳照興師兄連夜把我們載回溫哥華，才能及時於十八日上午前往溫哥華機場，迎接師父的到來。

依照原先的計畫，能夠與師父一同行動當然是最圓滿的安排，無奈適逢年終假期，我與阿良訂不到溫哥華回台北的機位，便只好臨時應變，卻因此勞累了陳師兄。這還不說，陳師兄的愛女咪咪充當司機，急著在午夜前把我們送抵溫哥華，但就在美加邊界前被美國警察攔截了下來，因為超速而罰了咪咪一張嚇人一跳的罰款；這一下，我們的時差剎那間都被嚇跑，精神抖擻的連一個呵欠都沒打，一路盯著溫哥華遠遠近近的燈火，平安地抵達陳師兄溫暖的家。

師父這一回溫哥華弘法活動，是由當地信眾陳照興、施建昌、林美惠三位資深信眾發起。尤其是林美惠師姊，事先做了非常周密的計畫，在溫哥華機場交給我的活動說明書與進度表，做得細密且慎重，是我過去追隨師父前往世界各地弘法所罕見的。

師父在溫哥華下榻的寮房，也是林美惠師姊座落於海灣的一幢別墅中。由客廳與房間放眼望出去就是湛藍的海水、白皚的山峰、低鳴的輪船、自在的飛鳥，此情此景，真的只能用人間天堂來形容。

八年前，師父同樣也住於此處。師父說，看到賞心悅目的美景，當然會歡喜，但是，他是個沒有福報的人，無福享受此一殊勝的景色。為了度化眾生，馬不停蹄地四處奔走就是所謂的「沒有福報」嗎？我倒是不敢做任何註解；但是，除了師父到達溫哥華當天是陽光普照，碧空如洗之外，剩下的三天，不但是陰雨綿綿，陰霾布天，師父更是早出晚歸，不停地消化預定與臨時加入的行程，如果真要有心瀏覽山光水色，恐怕真是有點困難了。

師父於十二月二十日，假溫哥華市內最負盛名的集會場所——泛太平

洋飯店的演講廳舉行名之為「心安即是平安」的演說。雖然是日的天候不佳，但是全場兩千個座位滿座之餘，又加了兩百個位子，到場的來賓固然以華人為主，但是西方人士少說也進場達五、六百位之多。

這場弘法活動是由旅加著名新聞主播黃晴雯主持，黃晴雯在台灣的電視界一向以專業、認真著稱。主辦單位請了英、中文俱佳的她來主持，連師父都讚美她是最佳人選。

師父首先請全場聽眾閉目調息，放鬆身心，體驗呼吸，然後才展開演講。師父說，他剛剛才結束了中東之行。行前，有許多人反對，認為中東太危險，如果去了遭到意外，甚至連死亡都有可能。但是，師父認為他應該要去，就算真的死在那裡也不錯；猶太人說以色列的耶路撒冷是聖地，死在那裡距離天堂最近。結果，師父很順利地完成了預定的行程，不但沒死，更有人感謝師父將平安帶給他們。話才說完，全場就爆起了熱烈的掌聲。

這場演講的英文翻譯是王明怡居士。明怡居士追隨師父多年，由他做翻譯，無論是正式的演講或是禪七、禪十，皆被讚譽非常能夠傳達師父原文的真義。就在演說途中，針對「放下屠刀，立地成佛」這句話的翻譯，師父向明怡提出了異議；師父說，明怡翻成了屠夫放下屠刀，他舉的例子是殺人犯放下屠刀。明怡做了訂正之後，全場又響起了如雷的掌聲。這也難怪許多聽眾在會後表示，師父弘法、治學的嚴謹態度，由此一「屠夫」字面的翻譯就可見一斑。當然，師父的英文造詣應該不是他自己所形容的「很破」吧！

不是打天下，只傳佛法

師父這趟溫哥華之行的另一項「任務」，是要為當地新設道場的工地進行灑淨、祈福的儀式。

法鼓山溫哥華新建道場的土地，是買在距離溫哥華市區不遠的五號公路上的專用宗教區，佔地二點四公頃。師父在接見法鼓山悅眾菩薩以及新道場建設委員時表示，我們不要跟別的道場比，以實用為準，不要比大小，不要有壓力。師父並以台北的農禪寺為例，當初的農禪寺只有五十坪，後來才視需要而慢慢擴建。

師父建議溫哥華的道場只蓋成九千平方英呎（約二百八十坪），是認為此地的功能並不是修道院，而是等於基督教的禮拜堂，是用來共修，用來聚會的，因此，此一規模已不算小了。師父並且指出，溫哥華的信眾們也不要先行預期法鼓山在此間道場落成後，會立刻派出法師進駐。師父說最快要到二〇〇六年才能考慮派駐法師，也可能要等到二〇〇八年。因為法鼓山僧伽大學正在訓練弘法人才，第一批僧才要到二〇〇五年畢業，畢業後還要經過實務訓練才能擔當大任。

師父又進一步開示，法鼓山此一團體從來沒有想過要打天下，沒有想到要四處蓋寺廟；真正的希望是家家蓮社，戶戶禪堂，讓在家居士能活用佛法；如果有一個得以遮蔽風雨的地方來共修就非常適宜了。

灑淨當天上午，天寒地凍，我把帶來的衣服都穿在身上了，還忍不住冷得發抖。就在寒風之中，師父帶著出家與在家弟子一百多人，為這方由農地改為道場的福地做了莊嚴的法事。說來也奇怪，儀式方才一結束，厚重的雲層就如沉睡後睜開了眼睛一般，一道霞光毫不吝惜地自空隙投射下來；這道明光頗有渲染力，周遭的烏雲逐漸退去，太陽終於露出了圓臉，冷風不見了，寒氣也減弱了；冬陽中，我瞇著眼凝視著前方，原先只存在於簡報中的道場原型，彷彿已等不到二〇〇五年的春天，此刻已然矗立在黑色泥土之上，在陽光中熠熠生輝，莊嚴奪目。

心情點滴 溫哥華

台灣選舉多，媒體多，口水跟著多，八卦更是多。然後，是非爭端蜂擁而至。

師父說，住在溫哥華的人是有福報的：氣候舒適、風景秀麗。當然，得以移民到溫哥華的華人，基本上都有一定程度的經濟基礎。

可是，在溫哥華，我也看到許多人收看台灣的衛星新聞台，訂閱與台灣有關的報紙。與其說他們是關心國內的政情，倒不如說是確定一份參與感吧！只不過，明明在溫哥華得以擁有在國內無法享受到的悠閒、清靜，卻在不知不覺之中，完全被難以割捨的鄉愁給掩埋了。

說一段真人真事與大家分享。

有一對兄妹，哥哥一家移民到溫哥華，妹妹一家則是選擇了車程三小時以外的西雅圖。兄妹倆的感情非常好不說，包括上下三代家族的互動都令人羨慕。他們有強烈的家族意識。

有趣的事情發生了。哥哥是某個政黨的熱情(死忠)支持者，妹妹與妹夫則是相反陣營的忠誠擁護者。兩家子依然會經常在溫哥華與西雅圖聚會，但是一旦上了飯桌，卻都非常有默契的絕口不提政治，以免破壞了和諧的氣氛。

我很好奇他們之間如何互動。他們其實非常渴望有機會與「同路人」分享心得，評論時事；只要是收看來自國內的新聞報導，原本沉靜無波的眼神就都灼熱了起來。但是，雙方之間似乎有道隱形的界線存在著，你不罵我的國王與人馬，我也不批判你的總統與幕僚。偏偏有時不小心，也不是刻意的，雙方的眼神有了交會了，那一剎那，欲語還「收」，緊急轉「向」，最高最妙的境界躍然呈現——「沉默」。

我喜歡他們既懂得尊重別人，也相對的尊重自己。

我自己也有現成的例子。我乃百分之百的「外省人」，雖然生在彰化縣的北斗鎮，成長在台中與台北，但很遺憾，我的閩南話說得一點都不「輪轉」，單字片語還偶爾可以唬唬人，一到長句若不是打結就是撞車；因此，這門學分我是沒修及格的。

偏偏我的岳父是宜蘭人，河洛語（閩南語）是他的母語，如果要讓他捲起舌頭說國語，哈！那就好玩了，實在是「古錐」有「卡多」（非常可愛）。

第一次去基隆拜見岳父大人時，我的老丈人用揶揄的口吻「給」我「修理」，他說，怎麼那麼「憨慢」（笨也）？既然是生在台灣，為什麼不會說台灣話？

我臉紅了。但是，既然要娶人家的女兒，你除了低頭傻笑之外，能做的無非是口中直說「金歹勢」(真不好意思)。

不過，老丈人還是體諒我這個女婿的。從此以後，只要見到我，他一定會非常努力的說國語；而我，也被他感動得努力說閩南語。因此，原先的情勢倒轉過來了，我倆雖然換了一種自己並不熟悉的語言去面對對方，可是內心是和平的、心甘情願的，當然，也是非常歡喜的。

知道嗎？據說我的台語跟以前比起來「卡有進步」，這是我同修給的評分，想來應該是假不了吧！

第二部

2004年

二〇〇四年四月十五日至二十日

獅城不見風，亦無雨

——聖嚴法師三訪新加坡

師父的右眼膜不久前曾嚴重出血，
我們再三叮囑前來採訪的攝影師要注意，
避免燈光直接照射師父的眼睛。
沒想到攝影師轉到師父的正面，用閃光燈拍照，
我大聲地喝斥道：「夠了！停！」
採訪工作也在三分鐘內結束了。
師父在記者走了之後說：「阿斗又當惡人了！」
我笑了笑，這哪叫惡人？
做「侍者」不就該牢牢記著照顧師父的本分嗎？

四月的獅城令人感受到不適的濕氣，黏濕的皮膚唯有在進入冷氣十足的室內，才能爽快起來。

風，也好似被一道參天的高牆給隔離在外。

雨，只在某天黃昏時看到遠天有閃電劃過，雨點同樣吝惜地不肯落下來一滴。也許，下過，只是，在半路也被另一道牆給擋掉了。

五年前，曾經在同樣的季節，同樣的月份到過新加坡。當然，也是跟著聖嚴師父來的。只是，五年前的自己被乍見的新環境、新人物給牢牢地吸引住；五年前的記憶，新加坡不是這麼悶的，那是段多麼歡愉、開心的往事。

於是，在離開新加坡的飛機上憬然有悟——啊！對了！是因為師父！是因為沿途擔心師父的眼睛、心臟、腎臟，還有師父的體力……。

可是也不對！五年前，抵達新加坡之前，師父也曾經害了一場大病啊！

特別身分——師父的侍者

這一切，就得自二〇〇三年四月十五日出發當天的景況，一一仔細道來！

在桃園機場的新航貴賓休息室，我們一行有法師、居士共十一人，依例沾了師父的光，全被接待進去。大廳有些許擁擠，眾人分散而坐；師父一人坐在四組沙發中的一個。

我還是無可救藥的不「怕」師父，蹲在師父的膝前。當然哦！我還另有一臨時添加的身分——師父的侍者。

我毫不遮掩地打量師父的眼睛，也就是前不久眼膜嚴重出血的右眼。坦白說，那隻受了傷的眼睛還有血絲，有點浮腫，我連思考的餘地都不留，順口就跟師父說：「啊！不錯！復原得很好！不注意的話還真不曉得師父的眼睛出過毛病！」師父露齒一笑，他心裡明白，我說的是否是實話。

師父的祕書果禪法師與常濟法師一再叮嚀我，此行要特別注意在各種場合裡會刺激師父眼睛的燈光，尤其是照相機的閃光燈，我點頭如搗蒜。

不愉快的事情好像不可避免地發生了。四月十七日，新加坡英文報紙《海峽時報》要求單獨採訪師父。據當地安排媒體的志海師兄說，該報在新加坡很受官方與民間的重視，也因此使得該報的作風與眾不同。在前一天舉行的公開記者會之中，該國所有的電子與平面媒體都來了，唯獨該報沒有出現。

偏偏十七日上午，前往「社會菁英禪修營」開示後的師父，在返回飯店房間後跟我說，前一夜沒睡好，身體不舒服，臉發熱。師父還說，身體的反應和第一次到新加坡染上帶狀疱疹時是一樣的，我的心為之一緊。

為達任務，不得不扮黑臉

《海峽時報》約定下午採訪的時間，因為醫師前來診治而稍稍延後。我們再三叮囑該報的攝影師要注意燈光，避免直接照射到師父的眼睛，他很合作地說沒有問題。

醫師前腳剛離開，該報的採訪立即展開。文字記者坐在師父的右前方，攝影師在中間偏左的位置攝影。我正奇怪他為何沒將攜帶來的立燈（光束是往上打的）打亮，他手中照相機的閃光燈就開始閃起來了。我稍微猶豫了一下，心想，他拍的是師父的左臉，算了，網開一面吧！不過，他與所有的攝影師都有相同的職業病，總認為下一張照的會比前一張好，就噗呲噗呲地照了十張以上。在側的志海師兄低聲向他抗議，他一副沒什麼大不了的表情，我當場就快步上前，低聲跟他叮嚀，師父已經不舒服了，如果因為他的閃光燈造成師父眼疾惡化，他能承擔責任與後果嗎？他立即點頭，表示知道了；我立刻回到原處，坐在牆邊的地毯上看著他。

可是，這位仁兄像著魔了一樣，轉至師父的正面，居然又閃起光來拍了，我大聲地喝斥道：「夠了！停！」他猶豫地看我一眼，我便以更大的嗓門再重複一次：「夠了！停！」（我說的是英文哦！）採訪也因此停了下來，攝影師大概害怕我會像獅子狗一般躍上前去，咬他一口，才一聲不吭地收起攝影器材；採訪工作也在三分鐘內結束了。我事後想，搞不好那個女記者以為我是針對她，而不敢再纏著師父不放了。

他倆退出房間，走過我面前，我坐在地上沒動，只是雙手合十致意，他倆還不錯，居然還小聲地跟我說謝謝。師父在房門關上後跟我說：「阿斗又當惡人了！」我笑了笑，這哪叫惡人？做「侍者」不就該牢牢記著照顧師父的本分嗎？

其實，我有一點擔心，我擔心會不會因為我得罪他倆，萬一他倆來個回馬槍，故意不寫師父這篇報導，不就是我的罪過嗎？週一一早，我跑到樓下餐廳櫃檯，急著翻看《海峽時報》，還好找到了「三分之一版，頭題，版面與照片都又大又清楚」，我終於放下了心中的石塊。至於師父的照片，當然是從左邊照的那一組。

從那一天開始，師父的臉頰，尤其是右邊，有一片紅暈，就像是染上了顏料一般；一直到離開新加坡，到了下一站澳洲雪梨，那片令人心焦不安的紅彩依然不散。

就在師父不適的第二天，我一起床就不對勁，太陽穴刺痛難耐，坐上車後戴上墨鏡依然畏光。幸好當天的行程不是太趕，我中飯無法下嚥，在房間躺著休息。晚餐時間，我拜託攝影師阿

良幫我把中午由淑玲師姊好心送來的便當吃掉，自己是一點胃口都沒有。

也許是十六日那天「熱」到了。新加坡的眾家師兄師姊聽說我中「熱」下馬，紛紛表示慰問不說，各種藥片、沖劑、涼茶、水果都湧了過來。就在師父公開演講之前，還關心的問我身體狀況，我趕緊說沒事沒事，心裡卻對自己十分惱火：「你還真會湊熱鬧！都是幾歲的人了？還不懂得照顧自己，惹了大家夥緊張不說！還連累了師父來操心！」

獅城弘法，跨道場的合作

師父時隔五年，第三次到新加坡（第一次已是二十一年前），除了在光明山普覺禪寺有兩場公開演講之外，也特別舉辦了一次「社會菁英禪修營」。這次的禪修活動是新加坡社會的第一次，當然更是佛教界前所未見的盛事。

師父是國際知名的禪師，曾在台灣與美國象岡打過禪七、禪十的新加坡大護法吳一賢、黃淑玲夫婦早在二〇〇二年就邀請師父前往弘法，並獲得師父首肯，爾後，又非常積極地「得寸進尺」，懇求師父也在新加坡辦一次禪三，讓禪修的種子得以在該國落地生根。師父慈悲，總算答應了。

二〇〇三年下半年開始，師父先是派遣法師與行政人員前往新加坡，協助包括召集人葉英霞及陳長固夫婦等人安排大小事務，還訓練專業的義工。師父也知道，要是依法鼓山新加坡分會單薄的人力與物力，來準備這麼盛大的活動是有點困難，於是也接受吳氏夫妻的建議，邀請新加坡最具實力的道場——光明山，來協助師父這回所有的弘法活動。法鼓山與光明山的結合果然不同凡響，僅義工就動員了六百位之多。

在光明山舉辦的「社會菁英禪修營」，為期三天，共計有九十七位新加坡的菁英，參加者有當地某區的市長、教授、醫師、企業家等，在法師與義工們無微不至地照顧下，深刻體會到禪修的喜悅。在心得報告時，我在他們那一張張歡欣熱切、滿足光彩的笑臉上，彷彿也看到九年前，在農禪寺打完禪三的自己。同樣的，我也深深相信，師父花了這麼大的力氣，就連身體不適都強打著精神前往開示，這份令人感佩的使命感一定不會落空，新加坡從此以後，必然可以看到禪修的利益在他們的社會中逐漸發酵、壯大。

四月十八、十九兩天的專題演講「超越生命中的關卡」，相信也在新加坡創下了另一項記錄。光明山新落成的大殿只可容納一千九百位觀眾；為了能夠讓更多的觀眾得以聆聽師父說法，主辦單位同時開放了另外三個室內與一個室外空間，加起來一共可以邀請六、七千位觀眾進場；雖說其他會場只能從電視牆上觀看主會場的立即實況轉播，但是，不但第一天（週日）的觀眾有七千人之多，就連第二天（週一）都出人意料之外的湧入滿場的觀眾。在師父進場之前，我一人沿著長廊往下看，一波波的人潮有如潮水般的湧進各個會場……，就在這一刻，我心中為之狂喜：「對啊！五年前，同樣是這種場面感動了我，震撼了我！原來佛教在新加坡是如此興旺，如此有希望。」

在第二天演說後，師父稍事休息就二度進場，為大眾主持皈依儀式。師父就像是巨星演唱加唱安可曲一般，又例外地開示三十分鐘，讓台下的觀眾拍紅了手掌，也滿足了歡喜的求法心。散場時，人牆圍著師父的座車，人人爭睹師父的「本尊」丰采。

師父弘法的動力

師父在記者會中回答記者問題時，曾以微弱的口氣說道，他又老又病，實在是不利於旅行，但是，他唯一的動力是「盡形壽、獻生命」，只要還有一口氣在，在未死之前，只要有人需要他，有地方需要他，他都會堅持信念，把佛法帶過去、散播過去。當英文翻譯張黎文師姊，在翻譯師父這一段話時，也被師父的悲願深深觸動，哽咽至話不成句，甚而抽泣了起來。我雖然立於一旁，但也被動人的此境此景深深震懾住；我唯有緊緊咬牙低頭，看著衣服上的鈕釦。

四月二十日一大早，結束了新加坡的弘法活動，師父搭機前往下一個目的地——澳洲。在新加坡樟宜機場，光明山的住持廣聲法師和數十位捨不得師父離開的信眾都來送行。他們的心念相同，都熱切盼望能夠早些再見師父踏上新加坡的土地，再次領受師父弘法的珍貴智慧……，我也知道，有好些人恨不得跟著師父一同登機到澳洲去。

五年前，病後虛弱的師父在新加坡公開弘法時，我親眼看到師父一天的精神比一天好，一天的身體比一天硬朗，一天的聲音比一天大……。五年後的此一時刻，我同樣的期盼著，從四月十五日出發前就這麼希求著，我渴望舊事重演，歷史再來一遍——師父會逐步健康起來的，新加坡應該是師父的一方福地。

雖然憂心還在，可是，這個希望我牢牢掛在胸口。

心情點滴

新加坡

師父黯啞無力的一句「盡形壽、獻生命」，在一間狹窄的斗室中，居然有了石破天驚、氣勢磅薄的威力產生。

我依稀記得，擔任翻譯的張黎文師姊在聽到師父說出這句話後的反應：她雙唇微顫，聲音哽在喉嚨裡，很想不被這句話牽動感情，卻是如何都無法平伏波動的情緒。她，只差沒有大聲哭出來。

《海峽時報》的女記者先是以詫異與不解的眼神看了看張師姊，但她好似在電光石火之間，忽然瞭解到師父說了句非常重要的開示；她的表情隨即紓解了開來，我看到她理解了張師姊為何在翻譯崗位上失態了。

張師姊或許也看到師父自眼中傳遞給她的關懷與鼓勵的訊息，她隨即整理好情緒，以英語娓娓翻出這句話的真實含意。

這整個過程雖然頂多不超過一分鐘，而且極端的寂靜，沒有一點聲響，沒有一句話語，但是我也被這短短的一分鐘完全「電擊」到了。我告訴自己，我要把這一分鐘在師父、記者、張師姊三人的互動所發生的張力，寫實地記入法鼓山的歷史。

這麼說，似乎有些自我膨脹，甚至不自量力，但是，身為一個「目擊者」，我似乎也應該挑起這份責任。

這真的不是故事。

這，已然是為史實。

二〇〇四年四月二十日至二十三日

「雪梨」非「稀泥」
「悉尼」是「雪梨」

——聖嚴法師雪梨弘法側記

師父原本並沒有把雪梨
放進澳洲弘法行程之中，
但是因緣說變就變，
雪梨出現了三位護持師父弘法的大菩薩——
莫靄瑜師姊與同修鄒志強師兄，
再加上她的胞姊莫定頤。
莫靄瑜師姊在二〇〇三年專程自雪梨前往紐約，
在師父的座下皈依。
她用願心支撐起師父的弘法計畫，
並付諸實際行動，
也促成此次師父前往雪梨弘法的因緣。

中文的翻譯著實有趣。澳洲的大都會 Sydney，海峽的這一端——台灣，翻譯為「雪梨」，無論是字面的美感與想像的空間，皆有其獨到之處；不知當年是哪一位學者專家的得意之作，實在值得喝采與尊崇。同樣的地名 Sydney，海峽彼岸的大陸則譯成了「悉尼」。我與上海的友人在談天說笑時，把「悉尼」請了出來；我說，幸虧沒翻成「稀泥」，否則的話，此一都市就算再美、再突出，也要被差勁的譯名給活活糟蹋了。

不過，無論是雪梨也好，戲稱的「稀泥」還是「悉尼」也罷，以往的印象都是來自觀光圖片或風光影片裡的雪梨標記——雪梨歌劇院。想去？門兒都沒有！其實是沒人邀請，也缺乏前往的有力藉口。於是，就只好等候機緣了。

雪梨弘法行全靠有心人促成

二〇〇三年，聖嚴師父宣布，二〇〇四年要去澳洲弘法，墨爾本是目的地，但並沒有提到雪梨。直到這次成行之後，師父才透露，沒錯！原本是沒有把雪梨放進行程之中的，只不過，因緣就是如此這般的說變就變，沒想到雪梨出現了「一對半」大菩薩——莫靄瑜師姊與她的同修鄒志強師兄，然後，再加上她的胞姊莫定頤。

莫靄瑜師姊與她的另一半在二〇〇三年，專程自雪梨前往紐約象岡在師父座下皈依，如果沒有這一段「前因」，當然就不可能會有雪梨之行的「後果」了。

莫靄瑜師姊最了不起的一點，是用願心支撐起師父的弘法計畫，並付諸實際行動。在短短的四天當中，我親眼看到她替師父接駕，向師父頂禮三拜時紅了雙眼；我也看到她跑進跑出，因睡眠不足而紅了眼珠子；師父代表中華佛學研究所與雪梨大學簽下學術交流備忘錄時，我看到她們姊妹倆緊緊相擁在一起，兩人原本就不小的雙眼不但蓄滿淚水，連鼻子都紅了。

莫靄瑜師姊果然是位有心人。知道她一路走來的心路歷程以及籌備工作之龐雜繁複後，我深深覺得，她的確是位腳踏實地的萬行菩薩。她，絕對不會和「稀泥」。

四月二十日，結束了新加坡緊湊且緊張的弘法活動行程之後，聖嚴師父率領十幾位僧、俗弟子，外加三十三件佛書及文宣行李，搭乘一早九點半的飛機，前往雪梨。

在新加坡身體極度不適的師父，總算以意志力克服了難關。師父的臉頰依然有一片如玫瑰花瓣的紅暈，還有，就是掩不住的疲憊拖掛在單薄的肩頭上。

我也不時地留意師父的眼睛。沒錯，還是浮腫著。

一直到結束了雪梨、墨爾本的弘法活動，又飛到瑞士之後，師父才透露，假如在新加坡期間無法挺下去，身體狀況也不理想的話，也許就不得不取消澳洲與瑞士的既定行程，而返回台灣就醫了。聽了師父這麼一說，我對瑞士伯恩的禪中心負責人弗瑞作狀甩了把冷汗，口中直唸阿彌陀佛，心頭也為之一緊！……好險啊！心想師父這一趟為期四週的弘法活動，還真的是搏命演出啊！

話說回來，如果不是師父慈悲，意志堅定，外加佛菩薩保佑的話，別說是瑞士的信眾了，包括雪梨、墨爾本的眾家菩薩們，也許都要為師父的更動行程而懊惱神傷，甚而頓足長歎了。

首度蒞雪梨，多重任務

師父第一次的澳洲之行，當然也是我的第一次。

雖然前後只有四天，師父在雪梨的行程絲毫不輕鬆。二十日當天抵達雪梨時，已是夜幕低垂（新加坡與澳洲有六個小時時差）。師父住進飯店後，因房間通風有問題，又臨時更換一間；等到莫師姊向師父做完工作會報時已經過了夜晚十點。二十一日上午有場記者會，晚上則是關懷當地悅眾菩薩，趁著下午僅有的空檔，師父終於得以好好休息了。

二十二日有兩場重頭戲。下午一點，在雪梨大學舉行學術演講，與會者大都是該校哲學系、宗教系的教授們與研究生。可知道師父演講的內容是什麼嗎？僅僅是題目就讓我丈二金剛摸不著頭腦——「禪宗對俱解脫的看法：心解脫者與慧解脫之關係」。我努力聽著，也努力的想做筆記，但是，很「歹勢」（不好意思），還不到三分鐘，本人就鄭重放棄了！……真的！沒有胡說！雖然師父說的是國語，他說的每一個字我都「認識」，然而「鴨子聽雷」，擺明了就是「有聽沒有懂」，就算是再裝模作樣，坐在椅子上不動，心裡可虛得緊呀！

一個小時之後，演講終於結束了。講堂的對面會議室已準備妥當，師父還來不及休息就被請了過去。全澳洲的第一學府，也被歐美國家十分重視的雪梨大學，派出了文學院副院長瓊．辛克萊爾教授，與代表中華佛學研究所的聖嚴師父正式簽了學術交流備忘錄。莫氏姊妹在兩校代表簽約的一剎那相擁而泣；我於事後得知，她倆為了此事歷經了數次的接洽、溝通、轉折、變化、幾乎放棄、峰迴路轉、重新談判、取得共識、達成協議……；一年下來，終於圓滿了此一艱難任務，並得以向師父、中華佛學研究所有所交待，我忍不住用力鼓掌，用力緊握莫氏姊妹的雙手。

二十二日當天晚上，有一場跨宗教論壇，有八個不同宗教的代表群聚一堂，就「心內外的寧靜」為題，各抒己見。雖說題目是一致的，但是每一位代表都強調自己宗教的特質與優異之處，等到壓軸的師父被主持人以「特別來賓」的身分請出場後，師父的一席話有如平地一聲雷，

全場來賓為之歡聲雷動，其精彩之處，實在不是我手中這枝禿筆所能形容。

展現佛法的悲智與包容

師父開宗明義便指出，每一種宗教的信仰者都認為自己的宗教是最好的，但萬一家中有兩種以上的信仰怎麼辦？師父建議，二者皆可接受。師父說，他在歐美的弟子之中，幾乎大多數都是週日上午去教會，下午去佛堂；身為佛教徒，師父不希望他的弟子因為信仰而造成家庭革命；只要能求得自己與家人的平安與安心，師父不贊成弟子因學佛而影響且傷害了親人之間的關係。

師父也接連引用三個故事來闡述他的理念。師父說，真理是要由內心體會出來的。體驗因人的程度而不同；體驗除了由理論開始，也需要實際去修行；所以不同的宗教有不同的修行方式，最普遍性的就是祈禱。透過祈禱，能感受到感覺與真理合而為一；如果能感受到與神合而為一，自己的內心便會和平，看到的世界也是和平的。但是，每個人的宗教經驗不同，所以釋迦牟尼佛曾要弟子不需相信自己的宗教經驗，要懂得放下，要學會超越自己；既沒有小我，也沒有大我，這叫做「無我」。

師父簡明有力的演說，亮出了佛教的智慧、慈悲以及「無我」的包容特質。如果您想聆聽師父的「原音重現」，那倒不難，只要按時收看師父的弘法節目「不一樣的聲音」，必然就可以與我們一樣，身歷其境的大飽耳福囉！

二十三日晚上，師父再假雪梨大學的大講堂，舉行了公開演講——「禪與心靈環保」。因為入場券早就被一索而空，莫師姊臨時又租借了一個場地做現場立即轉播。前者的五百個與後者的兩百個座位全部滿座；莫師姊好生感動，看到此一盛況，又不知不覺紅了眼圈，也紅了鼻子。

接連看到莫師姊成功的辦了三項活動，我實在不敢相信她只找了二十位不到的義工（大都是大學生與上班族）。在這群年輕有為的義工中，我們同時看到了佛教在異地生根的不易，但也看到希望的出處。師父雖然已疲累到不行，可是一看到那些活力無邊的年輕信眾，師父的微笑立刻自臉上盪漾開來，不停地重複著一句話：「很好！很好！」

師父在演講之後，立即主持了三皈依的儀式，全場來賓絕少離席。看到了六、七十位信眾領了皈依卡，在眾人的祝福與見證下皈依了三寶；我們立刻恭喜莫師姊，又多出了這麼多的菩薩得以與她一同護持三寶。她的眼裡盡是紅色血絲，我一時竟不知她是又哭了，還是太累了。

在雪梨，我逐日看到師父的體力逐漸恢復。師父慈悲，為了「不一樣的聲音」節目，師父連著兩天，利用短暫的時間到飯店附近的公園以及皇家植物園繞了一圈。想當然耳，雪梨的地標——雪梨歌劇院與大鐵橋，都跟著師父的腳步收錄到節目之中了。

雖然體弱勞累，師父的弘法行腳卻不打一點折扣。

雪梨之行，圓滿又成功。對於雪梨之行，我心中也留下這個順口溜：「雪梨不是稀泥。雪梨也是悉尼。雪梨就是雪梨。」

後記

如果有機會自師父口中聽到「莫阿姨」三個字，請不要訝異，以為師父的哪位遠房親戚剛好也姓莫。其實不是啦，此「莫阿姨」就是「莫靄瑜」，只是發音近似啦！

嗯！不錯！師父不經意地就為莫師姊多取了一個外號了！

莫阿姨！加油囉！好一位耕耘於異地的大菩薩！

你是哪一個大學畢業的

——聖嚴法師墨爾本弘法側記

二〇〇四年四月二十四日至二十六日

廣　告　回　函
台灣北區郵政管理局登記證
北台字第11073號
免　貼　郵　票

112-44

台北市北投區公館路186號5樓

法鼓文化

讀者服務部 收

寄件人：□先生 □小姐

地址：

市　區　鎮

縣　市區

路街　段　巷　弄　號　樓 □□□

讀者服務卡

感恩您對法鼓文化產品的支持。為了提供更好的服務，請您回覆以下的問題並直接寄回法鼓文化。我們非常重視您的想法，因為您的建議將是我們進步的原動力！

＊是否為法鼓文化的心田會員？ □是 □否

＊□未曾 □曾經 填過法鼓文化讀者服務卡

＊是否定期收到《法鼓雜誌》？ □是 □否，但願意索閱 □暫不需要

＊生日：________ 年________ 月________ 日

＊電話：(家) ________________ (公) ________________

＊手機：____________________

＊E-mail：__________________________

＊學歷：□國中以下□高中 □專科 □大學 □研究所以上

＊服務單位：__________________________

＊職業別：□軍公教 □服務 □金融 □製造 □資訊 □傳播

□自由業 □漁牧 □學生 □家管 □其它 ________________

＊宗教信仰：□佛教 □天主教 □基督教 □民間信仰 □無 □其它______

＊我購買的書籍名稱是：______________________________

＊我購買的地點：□書店_____ 縣/市_____ 書店 □網路_____ □其它_____

＊我獲得資訊是從： □人生雜誌 □法鼓雜誌 □書店 □親友□其它_____

＊我購買這本(套)書是因為：□內容 □作者 □書名 □封面設計□版面編排

□印刷優美 □價格合理 □親友介紹

□免費贈送 □其它____________________

＊我想提供建議：____

□我願意收到相關的產品資訊及優惠專案 (若無勾選，視為願意)

法鼓文化 TEL:02-2893-1600 FAX：02-2896-0731

在墨爾本宗教領導人座談會上，
聚集了二十多位各種宗教的領導人。
輪到了壓軸的師父發言的時候，
師父說，在多元的宗教世界裡，
宗教本身是沒有問題的，
真正的紛端是因人而來。
用憤怒與暴力來達到所謂的正義，
結果還是造成更大的傷害。
其實只要使內心保持和平，
外在環境也能漸次和平，
紛爭便會減少，甚或消失。

週六的雪梨機場真是十分擁擠。不僅旅客多，連飛機都因等著起飛，而在停機坪苦苦候著。

二〇〇四年四月二十四日上午，我們十幾個人起了個大早，要趕上午八時飛往墨爾本的飛機。與我們同行的，還有五十位由法鼓山信眾組成的護法聽經團。他們專程自臺灣飛到澳洲，參加聖嚴師父在雪梨與墨爾本的弘法演講。

客滿的飛機久久不見動靜。我乾脆閉眼睡覺，補一補沒有過好癮的「瞌睡蟲」。

慢了將近半個小時，飛機總算排到了起飛的時間。同樣久候於墨爾本機場的當地信眾，在接到我們之後，也不忘幽了雪梨機場一默，笑著說雪梨機場的飛機如果準時起飛的話，反而是不正常的。

行動派的護法夫妻檔

負責規畫以及執行師父在墨爾本弘法活動的，是陳天明與鞠立賢夫妻檔。

陳天明是香港人，鞠立賢師姊來自寶島台灣，兩人結婚後住在香港，後來於一九九〇年代移民澳洲的墨爾本；鞠師姊陪伴孩子在當地唸書，陳師兄則是香港、澳洲兩地跑。

這對神仙佳侶十分有趣，兩人都是快人快語，待人熱情有勁。法鼓山的香港分會在最近數年有相當程度的成長，陳天明師兄在幕後出錢出力，既募錢又募人。鞠師姊不讓同修專美於「港」，她像是與她家師兄比賽似的，在墨爾本也成立了法鼓山分會，是典型的說到又做到的「行動派」。

邀請師父赴澳洲弘法的是鞠立賢；不過，師兄陳天明專程趕回澳洲協助大小事務，鞠師姊笑說，陳師兄是最好用的義工。

除了五十位法鼓山信眾讓旅行社的大巴士接走之外，我們十多個人被師兄分配到十部不同的座車之中。眾人的目的地是陳、鞠公館。

負責接送攝影小組的是黃啟宗師兄。黃師兄夫婦在我們停留墨爾本期間，不但管接管送，充分發揮「溫馨接送情」的超熱情服務，另外還空出兩間客房讓我們居住，使我們得以享受濃郁的回家感覺。

與黃師兄一同來接我們的莊師兄，在當地從事旅遊業。莊師兄在車上妙語如珠，談笑之間提供了不少當地的趣聞與風土人情。莊師兄提到，在澳洲，住在墨爾本的人慣於問候客人的一句話是：「你是哪一個大學畢業的？」（意指該地是注重文化的）；住雪梨的人則會問：「你是從事哪一種行業的？」（當地是經貿中心，生意人關心賺錢之事）。

陳、鞠公館佔地好幾畝，是墨爾本昂貴地段的豪宅。包括師父與同行的幾位法師都下榻於他們的家。其他的團員雖然被分配到其他師兄、師姊的家中居住，但是每頓飯都是回到他們家享用。在陳、鞠府負責飲食的香積組實在太高明，餐餐都有不同的菜餚，質量俱佳。這幾天，也壞了我原本訂好的減肥計畫，我最不平的就是，每頓飯我都吃撐到站不起來的程度，而鞠師姊卻能不放縱口腹之欲，仍如鳥食般的只吃一點點。

陳天明師兄以市價的七分之一（澳幣九十九萬）買下了此一豪宅，其實是有一段故事的。陳師兄有許多香港朋友在移民潮中抵達墨爾本，陳師兄都介紹他們到一家不動產去買房子。陳師兄向不動產的老闆明言，他不賺一毛掮客費，但唯一的要求是不准他多收朋友一分錢。這下子，他介紹了數十棟房子都成交了，「善緣」因此締結。限於篇幅原因，故事細節無法一一陳述，但是這棟房子在冥冥之中卻自動找到他了。所以，陳師兄都說，是觀世音菩薩讓他買的。

聽了陳師兄購屋的故事之後，至今依然借住大姊夫屋子的我，總算萌生了見賢思齊的動機。只不過，修行路上人來人往，我終究能修得陳師兄一樣的「福報」嗎？畢竟「福報」是需要一點一滴累積下來的，我這一生是否註定要做無殼蝸牛呢？哦！對呵！「應無所『住』而生其心」，在此一時刻是否也能借過來用一用呢？

師父的演講魅力無法擋

回過頭來再聊一聊帶病弘法的師父吧！

打從二十四日下飛機之後，師父就馬不停蹄地展開預定的活動了。才匆匆吃過豐盛的午飯，我們就束裝待發，前往狄肯大學。師父接受澳洲心理學會的邀請，在該會本年度年會中擔任特別來賓，以「禪與心理健康」為題，做專題演講。據說，一張入場券就要價高達數百澳幣之多，澳幣與新台幣的比率約為一比二十五，可見票價之高……。

面對心理學專家學者，師父以「五蘊」做為中心點，用深入淺出的方法將佛法的禪學與心理層面做了緊密的結合。在闡明了「五蘊」與人的「心」之間的關係之後，師父引用了中國禪宗的兩大系統「曹洞宗」與「臨濟宗」的修行方法來做進一步的說明。師父最後又說了一則故事，有一位在家女弟子要動一個胃部手術，這位弟子非常焦慮，如果手術失敗，意味著她的生命就要結束。苦惱的她跑去找師父，冀求能自師父的智慧開示中尋到內心的和平與安定。師父教導她，不妨將念頭放在「我的身體要開刀，是身體要開刀，不是我要開刀。」結果，弟子的手術極其順利不說，還因復原良好而提前出院，連主治醫師都為之不解。女弟子很開心地告訴醫師，因為她很乖，聽了師父的話，沒有把「自我」釘牢在手術與疼痛之上。

故事說完，師父宣布，他的演講也結束了。現場百位觀眾才如大夢初醒般的響起熱烈的掌聲，可見融入演講之深。

坐在角落的我，注視著會場眾人的表情。他們就像是欣賞了一場頂級的交響樂團演出，當最後一個樂章在激情的高潮中結束最後一個音符後，觀眾們一時被裊裊餘音迷惑著，也眷戀著，恍惚之中，他們好像也忘了「自我」的存在了；當大夢初醒後，他們才回過神來，毫不吝惜給予熱情、慷慨的喝采與掌聲。

我也好像喝醉一般，差點忘了自己還有任務——為師父按電梯開關。

外來宗教在澳洲和平共處

四月二十五日的活動也是重量級的，也因為如此，師父的眼睛又腫了，頭也痛了。

是日下午兩點是一場公開講座——「禪與人間淨土」，可以容納九百位觀眾的會場座無虛席；法鼓山聽經團的團員們，也在會場分別擔任接待的工作。

很意外的，麥克風在師父進場後出了問題，尖銳的噪音有如要賴大叫的稚子。後來才得知，主管音控的工作人員當天休假，在設定好音響之後就交給副手接管，沒想到副手對臨時狀況束手無策。不過，好在有一支麥克風還管用，師父與翻譯張師姊流輪使用，直到終場。

問題發生後，手足無措的音控副手把原因賴在我頭上，說是師父身上的小蜜蜂麥克風干擾了他的音響；我當機立斷的駁斥他，跟著師父跑了那麼多地方，從來也沒發生過這種事；我也不同意關掉師父身上的麥克風。事後證明，我們的機器是「無辜」的。也幸好如此，師父精采的演說內容才能原封不動的全都記錄下來，而沒有被「消音」。

晚上七點半，在墨爾本市內高級的凱悅公園飯店，則有一場宗教領導人的對談（座談會），疲憊的師父依然也準時出席了。

會議廳聚集了二十多位各種宗教的領導人，他們的發言一樣將重心放在「我」的宗教之上。

照樣地輪到了壓軸的師父發言了。我試著摘錄幾則師父發表的精采語錄，證明我有用心聽講喔！

師父是這麼說的：「在多元的宗教世界裡，宗教本身是沒有問題的，真正的紛端是因人而來。我們在單一宗教的國家與地區發現，有的人只知道自己的宗教；他們認為世界的所有人類都要信仰他們的宗教，世界才會和平。有的人甚至認為他人的宗教是邪惡的，只有自己的宗教是最好的。」

「在澳洲，所有的宗教都是外來的。許多宗教團體在澳洲聚會或交流，相信都要遵守二個原則：第一、相信自己所信的宗教是最好的。第二、認為其他人所信仰的宗教也是最好的。我們應該相信宗教是真理。

不過，因為人的愚癡對宗教產生誤解，許多衝突不在宗教本身，而是人的錯誤觀念和行為所致。」

「愚癡的原因就是心理不平衡，認為沒有正義；於是用憤怒與暴力來達到所謂的正義，結果還是造成更大的傷害。雖然中間會有假象的和平，但那也是一時的。」

「剛才有人詢及如何才能修行。練習內觀、瑜伽、祈禱都可以。只要使內心保持和平，自己與家庭便都能和平，外在環境也能漸次和平，紛爭便會減少，甚或消失。」

「我在今年二月遇到一位伊朗的宗教領袖。他說，世界的問題就是信仰宗教的人很多，但是修行的人太少。信仰者如果能修行，內心便能和平。這種宗教好是好，但不夠好，如果領導者也能修行，我們的世界才會更好！」

可以想像，師父此番暮鼓晨鐘的開示，對台上的宗教領袖與台下的觀（聽）眾是具有何種特殊意義了。

師父，放輕鬆！

二十六日上午，師父問我，為了「不一樣的聲音」電視節目，是否一定要跟我去看澳洲的代表性動物——無尾熊？我立刻把頭搖得似波浪鼓。就算我再不懂事，也知道師父因為太累，臨時取消了上午的參訪活動。

不過，陳天明師兄反應一流。他看到師父午休後精神變好，前往墨爾本的共修禪堂禮佛後還精神奕奕，就臨時「插花」，詢問師父可不可以跟我們去自然公園散步，順便看看野生且不怕人的各種鸚鵡？師父居然答應了。可是啊！聽說師父在車上坐了四十分鐘之後，就跟陳師兄說：「沒想到這麼遠，真是被你騙了！」

自然公園很棒！師父的精神很好！當然，「不一樣的聲音」的觀眾也因此有眼福了。

真是託陳師兄的福！

心情點滴

雪梨、墨爾本之行

跟著師父在雪梨與墨爾本，印象深刻的故事當然很多，但是前往雪梨歌劇院以及墨爾本自然公園卻是迥然不同的兩種心情。

在雪梨，師父是疲倦的，不舒服的。可是，為了節目需要，他不得不打起精神，跟著我們由植物園走到歌劇院，整個路程花了將近一個小時。

隨行的數十位聽經團團員也在雪梨歌劇院守候著：跟著師父跑了這麼遠的路，與師父拍一張團體照是絕對說得過去，也是很合理的！只是，他們也許不知道，師父是勉力而為呀！

在大太陽底下，師父輪流與團員們拍照，我忽然想起，糟糕！出門這許久，走了這許多路，師父是否想上洗手間？怎麼忘了問他老人家了？……我在空檔中趨前詢問師父，師父思考了幾秒鐘，然後搖搖頭，說道：「等到拍完再去吧！」

在初秋的烈日下，師父與團員們合照留影的笑容是慈悲的、和煦的、溫暖的。可是沒有幾個人看到，回到飯店後的師父，頹然坐在椅子上，連把雙腿盤上椅子的力氣都沒有；只是微張著嘴，輕輕的在喘氣；一臉的倦意浮現出來，連胸口都累得凹陷了下去……。

輕輕把師父的門掩上，果禪法師與常濟法師無奈的對看一眼；剎那間，我明白，他們在心疼師父，在擔心師父。兩位法師的眼神，我終究是讀懂的。

到了墨爾本，師父的身體狀況呈現拋物線的微升狀況。但是，除了太累就是疲倦，師父的行程只有臨時刪減，沒有隨意增加。

被陳天明師兄「唬」去自然公園也許最初是勉強的，但結果卻十分美好。沒有看到無尾熊，管他是野生的或是動物園豢養的我都不在乎；但是看到師父在野生鸚鵡前開心的笑了不說，還主動往自然森林裡尋幽攬勝地行走了一段路，我不禁對著陳師兄豎起了大姆指——太棒了！

二〇〇四年五月二日至九日

又是霧，又是雪

——聖嚴法師瑞士主持禪七

在瑞士伯恩的禪修中心，
聖嚴師父帶著八十多位
來自世界各國的男女禪眾，
在既無我且無他的默照七日禪中精進修行。
禪修中心外，山巒起伏有緻，
湖水橫臥其間，堪稱美景如畫，有如仙境。
而我何其有幸，徜徉在山光水色，
以及大自然多變的風貌之中；
有如走進大自然電影院，
就我一個人獨覽銀幕，
享受聲光演出，陶醉至極。

先是霧，無聲無息，虛掩而至，如迷霧眾生。

細雨接踵而至。稱之為「細」雨有點過，真的像牛毛，也許比牛毛還細，就叫它雨「絲」吧！慢慢地，雨絲的輕柔細緻收斂回去。霧越來越濃，雨由絲變點、變串……雨勢加大了。雨勢快慢不一致，感覺得出爭先恐後的急躁，好似上頭有命令，要它們別擋路。於是，跌跌撞撞的雨珠勾肩搭臂起來，有耍賴的意思，硬要拖慢速度。

沒錯，是雨的兄弟——冰來了。冰和雨湊在一起，聲勢有些不同，更有分量，也更是理直氣壯了。冰雨的勢頭並不長久。太張狂了的緣故，總要被另一股力量好好收拾的。

來了！沒錯！換它來了。

降下五月的「瑞」雪

輕盈的，謹慎的，也算是靜謐的；又藏不住喜悅地有些顧盼自憐。它知道自己才是壓軸的主角，鎮住場子的巨星——雪。

細雪的後面是花生米大小的雪片，是一毛錢大的，是十塊錢大的（用錢比喻太俗氣了，真不夠秀雅）……。然後，就是鵝毛般，所謂最優雅，最像雪的雪了。

既然來了，就沒有草草結束，悄然下台之意。這雪，一下就是兩天一夜。第二天的黃昏忽地有人把霧管束了一下，雪也識相地不見了，因為太陽從厚重的雲端探了探頭。剎那間，近山遠水忽地清明了起來，像是好好洗過了臉，再把鏡子上的霧氣拭除了，好好端倪一番。

才不過一個小時。霧又滾滾而來，這會兒腳步極快，連貪玩的野雀都張惶失措地衝進被白雪包裝過的松林之中。

有了霧做急先鋒，快速報過幕，雪這一回不再矜持，不給冰雨機會了；雪自行快速登場，好似上一場雪下完後，就一直沒有卸妝，甚至連禮服都還沒來得及脫去就又上場。

這就是五月的雪。

在瑞士伯恩的碧坦堡（Beatenberg）禪修中心，聖嚴師父帶著八十多位來自瑞士、英國、美國、俄羅斯、波蘭、德國、克羅埃西亞……，等十五個國家的男女禪眾，在既無我且無他的默照七日禪中精進修行。其中最辛苦的是接連開了三天三夜的車，才趕到禪修中心。

一開始師父就說了，雖然禪修中心山巒起伏有緻，湖水橫臥其間，堪稱美景如畫，有如仙境；但是既然來此禪修，兩眼就只能觀心，不可貪戀景色了。而我，何其有幸，有如走進大自然電影院，就我一個人獨覽銀幕，奢侈享受聲光演出，陶醉至極。

此行，我身兼製作人、燒飯的、侍者等數職。因為角色多，沒人管，相對的更是自由。更何況爆滿的禪堂連多餘一個蒲團都塞不進去，我反正也沒機會進去隨喜打坐，是故更能貪婪地徜徉在瑞士著名的山光水色之中，以及大自然多變的風貌裡。

由弗列德．凡．爾門（Fred Van Allmen）負責的禪修中心，已在碧坦堡的山頭成立了三年，年中皆有禪修活動，邀請世界級的禪師（有南傳、北傳、藏傳……）來此教導佛學與修行。

聖嚴師父主持的默照禪七是從二〇〇四年五月二日至九日舉行。早在二月便已報名額滿，直到四月，仍有盧森堡、德國等國的菩薩要求報名，無奈連工作人員的床位都讓了出去，也無法滿足急欲來求法的眾生。

這一趟瑞士之行，來之不易。不僅是西方的禪眾如此；直到抵達瑞士之後，師父才透露，曾於新加坡面對身體之不適；萬一情況不樂觀，就需返台就醫。相對的，後面的行程就不得不悉數取消了。

繞著地球跑

將近一個月的時間，從北半球到南半球；再從東半球到西半球。從溫暖的台灣到燠熱的新加坡，再南下至初秋涼爽的澳洲。然後回頭到新加坡，轉機前往初春乍寒，乃至連日大雪的瑞士。此種長途跋涉的行程，此種多變不定的天候，對於七十有五，身體且不硬朗的師父來說，如果不是慈悲的「盡形壽、獻生命」的信念在支撐著，我實在難以想像，如果有個「萬一」發生，我們這些陪在師父身旁的弟子，應該如何緊急處理。這或許也將是師父的僧、俗弟子們的一門功課。

曾有師兄提議，往後師父至海外弘法時，除了需要有專業廚師來負責師父的飲食，維持師父的營養均衡，另外也需要一位隨隊醫師隨行，以便隨時關照師父的健康。只不過，師父凡事替眾生著想，他深怕替主辦禪修活動的團體增添經濟負擔，另外也不願意隨身護法信眾太多，給人招搖的印象。

這就是我們的聖嚴師父。

因為有了新加坡的不適，使得我們在往後的行程之中，對師父的健康與身體反應有如「驚弓之鳥」，隨時注意他的眼睛腫了沒？臉頰還紅不紅？飯量如何？有沒有按時吃藥？點眼藥？有沒有注意多喝一點水？……但是說來實在慚愧，師父卻反過來不時的關心我們。

離開澳洲的前夕，師父拿出已經換好的瑞士法郎，我既訝異又慚愧，我老想，反正在機場就可以兌換，可是一路過了台北、新加坡與雪梨機場，我還是沒記得這件重要的事。

回頭到新加坡轉機時，師父被請進了貴賓室之前，他還關心我們幾個怎麼辦？能找到地方等候並休息嗎？我們傻呼呼地說會想辦法。也許是師父的慈悲感動了航空公司的地勤小姐，居然軟化態度，邀請我們與師父一同進入貴賓室。哇！這真的是撿來的「福報」。在貴賓室裡，我不但見獵大喜（各種食物、飲料），好好祭祭五臟廟，還跑去沖了個熱水澡，全身上下每一個細胞都暢快的不得了。喔！有了師父光環的照顧，實在是時時歡喜，處處如意啊！

出了蘇黎士機場，師父在瑞士的弟子馬克士（Max Kalin）與禪修中心的弗列德已守候多時。外交部派駐在瑞士代表處的耿國樑師兄十年前就在師父座下皈依了，見了師父自然是激動欣喜的。前往停車場的路上，耿師兄還沒來得及進電梯，就向師父頂禮三拜；他還自行開了兩個半小時的車，把師父送到群山裡的禪修中心。

權充廚師

這一回我重作馮婦，要負責師父的三餐。其實在行前得知果耀法師不隨師父去瑞士，而由我擔此重責大任時，心中已開始打鼓。以往，雖多次為師父準備餐點，但那都是「藝低膽大」，就如台語所說的「傻子膽大」；反正我怎麼煮，師父就怎麼吃，簡單又輕鬆。可是這次不一樣了，師父在年初大病傷了元氣，日常的飲食調理對師父的健康影響甚鉅，假如我在瑞士期間有什麼「失手」之舉，讓師父的身體出了狀況的話，要用何種面目回去見江東父老？

離開墨爾本的前一晚，我自果耀法師的手中接過來一些資料（記載哪些食物不能給師父吃；哪些食材則不受限制），還有許多營養補助品。憑良心說，我的手有些發抖，心也發顫，阿彌陀佛喲！我一直跟自己說話，無論如何可千萬不能出紕漏哦！

越怕事就越有事。到了瑞士的第一餐，我就用了師父不能吃的大白菜（因為師父全挑了出來）。果耀法師適巧打電話來，叮囑我所有的青菜都要先燙過熱水，才能烹調給師父吃。我抓著電話，非常希望果耀法師能夠多傳授一些「祕笈」，但漫遊電話太貴，我不得不放下電話來。第二天，我又踩到「禁區」，煮了蘆筍，師父一樣挑了出來。我拿著果耀法師給的資料左看右看，這才發現蘆筍這一項既沒有打勾，也沒有畫圈。啊唷！有夠糟糕，連出兩次狀況；我警告自己，假如再出一次錯就得「三振」出局了。

也許是壓力太大，有一晚作惡夢，夢到有人闖進我們的房間，把攝影機偷走了；我出聲大叫，把隔壁床的攝影師阿良嚇得坐了起

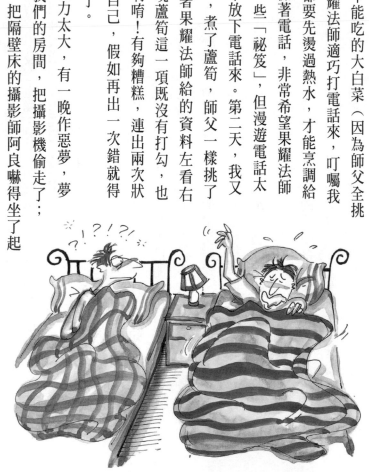

來，問我出了什麼事。我跟他道了歉，心跳恢復正常之後，暗罵自己神經病。次日開始，我放慢腳步，藉故買菜，「明目張膽」地下山溜了二、三趟；沒事就看風景，放鬆身心；漸漸地，我發現師父的食量增加了，也會讓常濟法師轉告我某天中餐的菜很好吃。我的信心大增，放開「手」與「心」，變了一點花樣在飯上面，師父居然吃個精光。哈哈！這下有點得意了！不過，不到三秒鐘我就差點摔了一跤！冷汗冒了一身，因為菜湯有剩，萬一潑灑出去，滾了一地，我可就糗斃了。

忙裡偷閒遊伯恩

禪七開始之前，師父難得有兩天空檔，其中一天是晚上在伯恩市有公開演講。當天下午，弗列德早早就帶我們下山，先在伯恩市的古街逛了兩個鐘頭。師父笑說，這一下是對得起「不一樣的聲音」的觀眾了。

自禪修中心向左看，有三座山屹立於前，海拔有一萬多英呎。中間一座叫「和尚山」，右邊叫「處女山」，形狀如一少女低頭向和尚懺悔。至於左邊的一座山叫「愛格山」，我問「愛格山」是何意思，卻沒有人回答我。

我們也曾抽空去三座山左翼的另一座「威特吼兒山」（意為「天氣祥和」）走了一圈。據說一百五十年前整個山區皆為冰原；就是二十年前，弗列德也曾目睹山腳下仍都是冰原；到如今，冰原逐漸往山腰「縮水」，這便是人類的傑作，「溫室效應」的現世報已在此處現形。

這一趟瑞士禪七的另一個意想不到的收穫，就是過去跟隨師父去波蘭、克羅埃西亞、英國、俄羅斯、德國等地所結識的老參們，這次有不少都「回籠」了。看到他們，與他們熱情打招呼之餘，我也發現，歲月在他（她）們身上也留下了明顯的印記：「別桃」（Beata）比以前更穩重了，「帕我」（Pawel）發胖了好多，「札爾科」的頭髮都掉完了，「卡門」（Carmen）的小臉有了稜角……。不過，唯一沒變的是他們的道心。師父說，他們來一趟不容易，除了每位需要繳交約合美金七百元的費用不用說，還要請假，還要長途跋涉……。

您可知道這些老參排除萬難來打禪七的另一個目的是什麼嗎？他們不約而同的央求師父能再次前往他們的國家弘法，利益他們的國人與信眾。而師父能給他們什麼回應呢？

看看人家，想想自己。請問，您又是怎麼認為呢？

心情點滴
瑞士

在瑞士，我親眼目睹一件事。

那天，山上下雪，我藉口買菜，央求禪中心的克莉絲汀娜駕車送我下山，攝影師阿良也順便一道。小鎮上的景色很迷人，尤其是細雨之中，三條河水各有姿色，有一條稍窄的居然有京都風情。我兩次想說服師父，請師父下山「看景」，師父連考慮一下的餘地都不給我，斷然地扔下兩個字——不想。

買完菜，還有時間，我們就在主街上閒逛。走過一家糖果店，阿良先進去，我當然當仁不讓，馬上跟進。此時店裡還有很多其他觀光客。

糖果店的對門（中間只有一步半）是另一家精品店，我才出了這個大門，就看到對門的老闆娘（瑞士人吧？）模樣的人，兩眼泛著敵意，雙手緊緊拉住她的大門，深怕糖果店裡的觀光客要進去。剎那間，我忽然領悟，我很可能也是她拒絕的對象之一，雖然我連進去的欲望都沒有。

我聽德國來的克莉絲汀娜說，瑞士至今沒有加入歐盟，對其他歐洲國家的人也有某種排斥的心態。她是因為瑞士的空氣好、水好，自然條件也好，所以便在禪修中心工作，而且還可以修行。不過，她很抱怨瑞士政府的對外政策，讓她這種在瑞士工作的歐洲人極度不便利，每回為工作證延期都很傷腦筋。

那天下午，從那位精品店老闆娘眼中，我看到了瑞士人（當然不是全體）的某種心態。但既是為了開店營生，又為何要擺出那種臉色？處在歐盟的強大壓力之下，曾在世界大戰之中以「中立」姿態保護該國自身的利益，也避掉了戰火洗禮的瑞士，這一次是否能繼續置身度外，運用該國不弱的經濟實力，抗拒歐洲的「統一」，此刻難下定論。

畢竟瑞士在現今的經貿世界中還是要仰賴其他國家的互通有無，「鎖國」的政策能夠堅持多久？不僅僅只靠國內民意做「後盾」，就能應付周遭鄰國的「白眼」攻勢。

與我們鄰近的日本也有類似的民情風格與國家政策。二十多年前初到日本時，我便強烈感受到日本的排外心態。每一次去「出入國管理局」（我們簡稱為「入管」）辦理延期居留時，都要飽受工作人員的臉色，且態度傲慢、用語強硬。有一次我火大了，乾脆跟刁難我的那位女士說：「算了！我不辦了！我回自己的國家算了！」她被我的反彈「震」了一下，然後似笑非笑的說，你是真的這麼想嗎？我答道：「是妳逼我的，我準備的文件都依照你們的規定，妳卻還是挑三撿四的找我麻煩，我能怎麼辦呢？」她不再說話，隔了一下，再叫我的名字，終於把居留許可給了我。

我的一位日本朋友嫁了個美國人，我本來一直以為日本人是「輕亞洲，「親」歐美的，但是那位美國人也跟我訴過苦，每次去「入管」都要特別梳洗一番，穿西裝打領帶，希望能博取「入管」人員友善的對待。聽他如此一說，我的心理才稍微平衡了些。

曾經有過「鎖國」歷史的日本，在某種文化層面上是有「潔癖」的，根本上就是「排他」。演變到某一程度就是自大（輕視亞洲人）和自卑（最怕張口說英語）的混和作用。不過，經過十多年來的經濟不景氣之後，日本社會有某種程度的蛻變，變得比較好客，比較不那麼排斥外國人了。然而不可忽略的是，經濟功能還是少見有某種催化作用，地窄人稠的日本還是很難敞開客廳，讓外人進去的。

雖然多年前曾去過瑞士的盧卡諾參加當地的影展，這一回是第二次踏上瑞士的土地，但兩次接觸的人與圈子都不大，談不上對瑞士的瞭解有多深。這回除了在小城中看到那位變臉的老闆娘之外，在禪堂附近的山路、城中街道見到的瑞士人，也都和善有禮，基本上，只要你打招呼，他們也都會回應，這一點，也為瑞士在外國人的心目中留下不錯的印象。

對嘛！瑞士的好山水本來就應該孕育出不錯的人種。相形之下，咱們呢？我們其實也有好山好水的。大自然的美好環境如何維護、建造固然是我們應該思考的走向，至於內心的好山好水又如何開發、察覺呢？

山水有情，山水也無情。人類如何看待山水，山水又如何觀照人類？關鍵還是在我們自己嘛！對不？

紐約行好運到

二〇〇四年五月二十六日至六月六日

我惕勵自己，要抖擻起精神，
把四十集連續劇的分集大綱
在禪十期間如期完成。
在行政廳一樓寫功課時，
就算偶爾思緒打結，
只要憑窗看看土撥鼠媽媽
帶著四隻土撥鼠嬉鬧、進食，
我的疲勞就可立即恢復。
值得一提的是，為了替土撥鼠一家
保留安靜、平和的「居家空間」，
象岡的僧、俗二眾刻意封閉了左側的迴廊，
不讓人經過，避免打擾土撥鼠家族的生活。

結束瑞士的禪七之前，師父再次問我，是否與他老人家一同由瑞士飛往紐約，畢竟只隔了兩個星期，我與攝影師阿良又需要再向師父報到，拍攝自五月二十六日起，在紐約象岡道場舉行的話頭禪十。

事實上，我是打內心希望能與師父繼續同行的。第一，與師父跑了星、澳、瑞士等地將近一個月，身心都因行程的緊密而累積某種程度的疲累，如果與師父一起走，便可在紐約先行喘息一番，最起碼可以大睡好幾天。第二，自歐洲返回台灣，還沒來得及調好時差，就又得去面對紐約的時差，這對我那不夠粗的神經有一點點苛刻，如果不繞回台灣，我可以更快活，更「元氣」些。第三，很現實，機票也會便宜許多哇！

歐洲行後，紐約再聚首

可是，縱使內心已是成千上百個願意，我還是不得不先和師父道再見。因為我必須趁此空檔返回台北「上班」不說，更得抽出十天的時間前往上海處理另一件事。

匆匆趕回台北，匆匆跑了趟上海，連辦公室的椅子都還沒來得及坐熱，行李也用不著多加整理，我與阿良於五月二十二日又趕赴桃園國際機場，路過東京，直奔紐約而去。

台北已經是熱得快把人的油都蒸出來了，出了紐約甘迺迪機場的我，卻需要加件薄外套才行。這種氣溫我喜歡！

原本為了配合紐約之行，特別安排另外一個工作要進行，但因當事人的意願而不得不取消，我不但一點都不沮喪，內心還有點竊喜！哈！平白撿到了兩天假期，真好！我與阿良前往東初禪寺向師父報到之後，就躲在紐約親戚家大睡特睡；師父要我去東初禪寺掛單，我都大膽地拂逆了師父的好意；想來任何人都猜得出來，何處才適合睡「大頭覺」啊？何處才能允許我這懶骨頭把自己隨意地披散在沙發、地板上呢？

雖然因時差的因素，我的睡眠品質始終低落，不過，放鬆下來的感覺的確很好，腰痠背痛的程度也減緩了下來。對此，我實在有夠慚愧；論年齡，我遠比師父「幼齒」許多，但是身體零件卻已經開始拉起警報，不但不耐操，長此下去，搞不好哪一天師父下令扔掉我這個「大包袱」，不准我再跟著行走江湖，那才叫做「欲哭無淚」、「後悔莫及」。

下決心認真做功課

基於防患於未然的危機意識必須要落實於行動之中，我當下便告訴自己，禪十期間，不但要充分利用象岡新鮮的空氣，多做運動，而且還要效法部分精進的禪眾，在十天中「過午不食」，放棄我一向「戀棧不去」的晚餐誘惑。

師父原先在象岡的寮房是一所獨立的老舊房子，走在地板上常會傳出木板的呻吟聲。此次到了象岡，發現師父搬到舊寮房後方新起的另一所嶄新的客房。經過瞭解之後才知道，客房是為了日後至象岡講學、帶禪的教授與禪師們所準備；師父暫時搬去住是「暖」房，為的是去實際瞭解客房的居住環境。由此可見，師父對教育的重視，也當然包括了禮遇師資在內呀！

相隔兩週不見，師父的精神不錯，只不過開示的時候中氣還是顯得有些不足；我想，師父真的是太累了，儘管「盡形壽、獻生命」已是師父奉獻給眾生的大願鴻志，但是，看在渺小平凡的我的眼中，還是覺得師父太辛勞，太不顧自己的身體與健康了。

於是，每天最盼望的就是上午第一堂開示結束之後，師父一招手，要我與攝影師阿良陪著師父到林間或是湖邊散步。只不過，十天之中只等到了一次，畢竟師父還是在忙呀，他忙著接待從日本來的客人；忙著找建築師開會，為禪眾新寮房尚未拿到入住執照傷神；忙著與台北聯繫，打國際電話……。

看到師父忙成那樣，我也開始惕勵自己，除了用完早齋之後的四十分鐘快走，並厲行「過午不食」之既定政策（企圖多消耗一些屯積過多的脂肪）之外，也得抖擻起精神，把一套四十集連續劇的分集大綱在禪十期間如期完成。

師父絕對沒有想到我暗地裡將他當做了刺激動力的維他命。因為新寮房無法入住，女眾照樣住在行政廳的二樓，男眾就睡在禪堂

裡。我在禪堂對面的休息區中找了位置，每當禪眾們在努力打坐、做功課之時，我就穩坐休息區，低頭猛寫我的分集大綱。有天下午，師父到禪堂「盯」禪眾們的功課，看到我擠在等候「小參」的禪眾之間做自己的事，就要我到行政廳的一樓去寫，師父說，那裡空間又大又沒人。

真的！搬到行政廳一樓去寫功課，不但讓我自在許多，筆下也更俐落順暢；就算偶爾思緒打結，只要憑窗看看窗下土撥鼠媽媽帶著四隻土撥鼠嬉鬧、進食……，我的疲勞就可立即恢復，喝完一杯常濟法師「捐贈」的即溶咖啡後，立刻就能進入情況，下筆如飛。

值得一提的是，為了替土撥鼠一家保留安靜、平和的「居家空間」，象岡的僧、俗二眾刻意封閉了左側的迴廊，不讓人經過，避免打擾土撥鼠家族的生活。同樣的，齋堂的一側通道也封住了，為的是通道上方有一鳥巢，鳥媽媽每天留在鳥巢孵蛋，小寶寶隨時都會誕生，如果有人自通道走過，必會驚擾到鳥媽媽，影響了小寶寶的產期……。

特別的任務，師父的祝福

此次紐約之行的另一項任務是要專訪師父，請師父為十週年的「點燈」節目錄製賀詞。

十年前，是因為製作「點燈」才認識師父、親近師父、接觸了佛法。十年來，師父前後上過三次「點燈」，是貨真價實的「點燈家族」。

師父在專訪中祝福「點燈」的燈火永遠照亮下去。師父說，在現今紛擾的社會中，「點燈」節目是少有的能夠彰顯人性光明面，替人們帶來希望的節目。十週年當天，師父來不及回台北親自道賀，但他希望二十週年之時，他能親臨攝影棚。

師父的祝福為「點燈」帶來了好運。華視原先片面宣布「點燈」十週年也就是熄燈之時，此節目不會再做下去了。身為製作人的我雖然很遺憾，但我打定主意要為「點燈」另覓新的頻道，從頭到尾都沒有結束「點燈」之意。

七月上旬，華視更換了新的經營團隊；新的總經理在十週年特別節目錄製的攝影棚之中當場宣布，像「點燈」這麼好的節目怎麼可以停呢?在她上台發言之前，就是師父力挺「點燈」的賀詞錄影播出。

我這趟紐約之行的最大收穫就是領取了師父的祝福，守住了「點燈」的光與熱。另外，我自己都不敢相信，我居然真的在禪十期間寫了將近六萬字，完成了四十集劇本的分集大綱；同樣的，這也等於是師父給我的禮物。

有些不瞭解內情的朋友都曾好奇的問我，為何可以隨時放下手邊的工作，跟著師父行走江湖，遊遍天下？相反的，法鼓山的師兄、姊們卻都羨慕我有此好福報！

沒錯！跟著師父真的有很多「好康」的！看完這一篇隨師記行，我相信識與不識的人都會替我高興，有師同行真的是「粉」幸福哇！

心情點滴

紐約

這次紐約行的減肥大業——「過午不食」，結果是徹底的失敗了。

歸根究柢，我對「過午不食」的觀念與措施是完全錯誤了。

釋迦牟尼佛住世的時代，出家人在中午前就沿門托鉢完畢；用完午齋之後便洗足打坐，進行修行的功課，「藥石」（晚餐）自然就不吃（也沒得吃了）。

時至今日，有許多出家法師依然遵循「過午不食」的佛陀行止，此種勉力修行的毅力與精神委實令人感佩。

我自以為十天不吃晚餐是了不得的事，再加上晚上的一百零八拜，大量消耗囤積的脂肪，必定可以收到立竿見影的減肥效果。殊不知禪十結束，一回到紐約市內親戚家中，迫不及待的站上磅秤後，我的臉立刻就綠了——不但沒瘦，還增加了一公斤。

這一下，我是應該好自懺悔了！

回想起來，我恍然大悟——一點都不冤枉，每天消耗五百卡路里，但吃進去的卻是五、六倍以上的卡路里，只胖了一公斤是很幸運的啦！

這回禪十，據說主持香積組功德的師兄沒有什麼烹煮經驗，但是，上午的麥片粥、牛奶、乳酪、麵包、水果……，以及中午的兩菜一湯加米飯……，卻是樣樣甜美無比。面對上午的早齋，我自覺餓了一夜，很對得起自己的，於是就開懷大吃。午齋亦然，既然晚上沒了著落，中午自然要好好的犒賞五臟廟一下，這也是人之常情嘛！……誰知道，事實完全不是這麼回事。

所謂「不經一事，不長一智」。下一回，我知道應該怎麼做了。

早齋要吃得好。沒錯啊！但是得適可而止，吃上七、八分飽，夠了！不准再盯著打菜的桌子不放。

午齋要吃得飽。也沒錯！七、八分飽也是「飽」啊！更何況每回吃撐的感覺著實是要比餓的滋味更痛苦啊！

然後，誠心的在佛前禮拜懺悔；只要有空就在象岡的山林中快速經行……。我相信，無論是禪七、禪九或禪十……，只要一心不亂，管好胃袋，不但心智得開，連身體也會跟著心情的愉悅而輕盈起來的。

得了！下回就這麼辦！

二〇〇四年八月九日至十二日

披星戴月約旦行

出了考古博物館大門，
師父獨自往海克力斯神廟遺跡的精神代表——
巨石柱走去，
我從阿良的鏡頭中看到，
師父的削瘦背影在巍峨遺跡之下，
顯得那麼果毅、堅強；
剎那間，經典電影《阿拉伯的勞倫斯》中的畫面，
彷彿跳躍到眼前來；
師父的僧袍在風中飄動，
僧袍中盛載的不只是風，
還有撫慰眾生、度化眾生的慈愛與悲願。

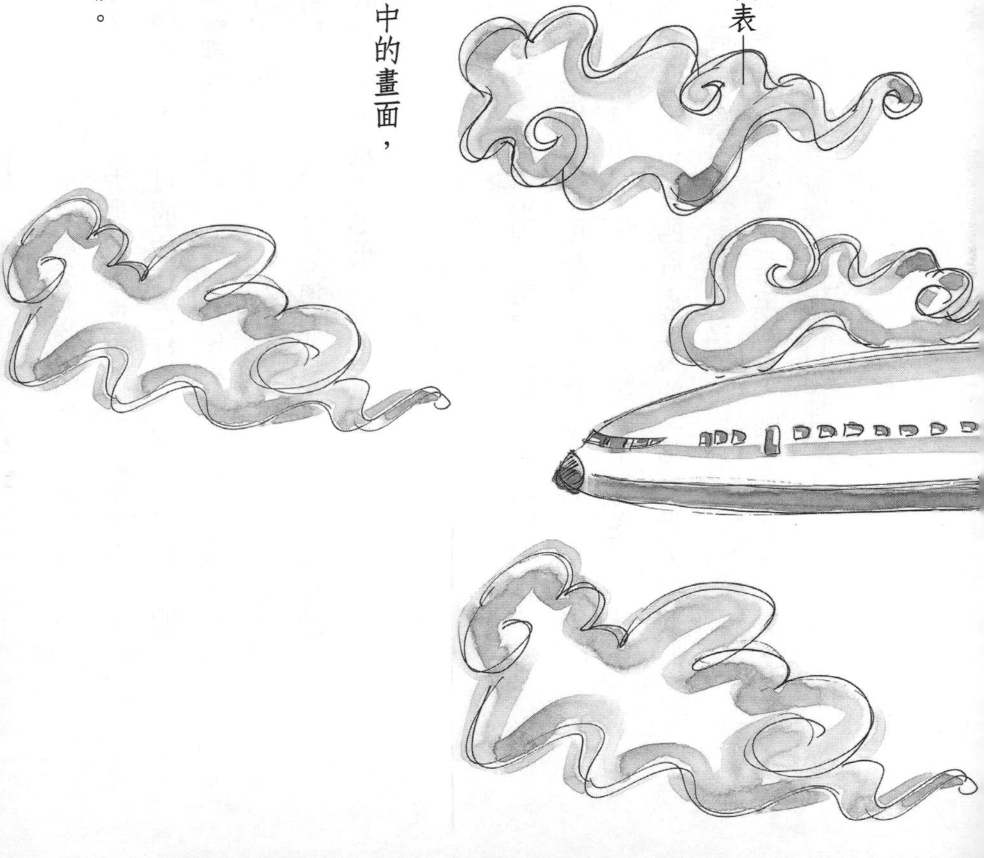

當過兵都知道，一碰到部隊演習，不分晝夜地強渡關山、披星戴月的前進行軍，非常消耗「卡路里」，是對體力與精神極為霹靂的震撼教育。二〇〇四年八月九日開始至十二日的約旦之行，就是一次典型的「急行軍」，如此緊湊且超級趕路的行程，堪稱九年來隨師「跑」（請注意，不是「走喔」）天下的第一次。四天的行程，卻只在飯店住了一夜，可知道理安在？……答案很簡單，因為來回二天的大半夜全是在飛機上過的。

固定班底再飛約旦

八月九日下午二點半，師父、果耀法師、常濟法師、攝影師阿良、我，一共五人，也就是師父行走海外弘法所統領的「標準」隊伍，陸續在桃園機場集合，準備搭乘四點起飛的泰航班機前往曼谷，再從曼谷轉機前往約旦的首府安曼。師父此一行程是臨時加進來的，因為世界宗教領袖理事會要在安曼舉行臨時籌備會議，討論重點是將原訂於二〇〇五年十月在非洲肯亞舉辦的世界青年高峰會議轉至約旦。師父已於今年春天被選為新任的理事會主席，所以就責無旁貸地親自出征了。

當我們在機場辦好登機手續，進了海關之後，才知道此一班機要先到香港停留；師父問道，為何要轉赴香港，而不直飛曼谷呢？我傻傻地搖頭道，我也不知道。

總而言之，我們去香港過境一小時，重新登機，飛往曼谷，在曼谷等候了五個小時，再轉乘約旦航空的班機飛向安曼；到達安曼機場已是當地凌晨三時三十五分（約旦與台灣有五個小時的時差）。雖然約旦外交部派專人來接機，但我們的行李是最後才「滾」出來的，所以出機場已是清晨五點，到達下榻的安曼麗晶皇宮飯店則將近六點了，天也亮了。

呼！好漫長的一段旅程呀！

才稍事休息沒多久，就在常濟法師的電召下，下樓吃早飯，師父居然已安然入座了。

師父在這四天的反應有些令我意外，也許是因為有果耀法師照應飲食，腸胃尚稱平安。但包括常濟法師、從美國趕來擔任翻譯的李世娟師姊以及區區在下，腸胃都出了毛病；李師姊甚至在會議中途「病」下陣來，由常濟法師臨時上陣代打。

師父在早餐桌上與我們做了簡單的溝通，當下決定先行滿足我的需求——「安曼」長得是什麼樣子？

在緊迫的行程裡，也只有九日上午稍有空檔，師父放棄可以「補眠」的機會，為了「不一樣的聲音」節目外出拍攝外景。

參觀兼錄影，一舉數得

約旦政府非常重視世理會這次的到訪。約旦皇家派出了兩部賓士轎車，載著我們前往安曼市內最負盛名的考古博物館，以及館外氣象萬千的海克力斯神廟遺址（Hercu Les 希臘神話中的大力士）參觀。

博物館的硬體很平凡，就是矗立在安曼市最高山丘之上的一座平房；但是，內容是件件令人歎息稱奇；從石器時代（一萬至四萬年前）的一件石刀，到十二世紀由鐵網編製的防劍衣……，幾乎把一百多坪大的博物館塞得不見多餘的空間。

師父看得津津有味，頻頻招手叫我們去端詳他發現的稀奇寶物。當然，我們師徒一行頗受禮遇，省去門票而長驅直入，攝影機也完全拍攝「放題」，就如同「吃到飽」餐廳一樣，愛怎麼拍就怎麼拍。

出了大門，左前方便是神廟遺跡。師父獨自往遺跡的精神代表——巨石柱走去，我從阿良的鏡頭中看到，師父的削瘦背影在巍峨遺跡之下，顯得那麼果毅、堅強……；剎那間，大衛連拍的經典電影《阿拉伯的勞倫斯》中的畫面，彷彿跳躍到眼前來；師父的僧袍在風中飄動，僧袍中盛載的不只是風，還有撫慰眾生、度化眾生的慈愛與悲願……。

只因時間過於緊迫，我們在考古博物館的裡、外參觀不到一小時，就必須把師父先行送回飯店，準備下午的世理會籌備會議。我與常濟法師、阿良則轉往超市買水（果耀法師料理三餐用水以及我們自己的飲用水）、水果。原本以為我們還得代購食材給果耀法師，後來才知道，果耀法師完全已準備妥當，直接自台北自行「進口」。

安曼的超市與台北相仿，貨品也齊全。不過，不出產石油的約旦與周遭阿拉伯兄弟（國家）的經濟相比是遠遠落在後面的。得以住在安曼市內的居民，大都是一些在沙烏地阿拉伯等產油國家打工的人，否則只能住在郊外。雖沒有油，也沒有農產品，但是這個隔著死海與以色列鄰近的國家卻擁有不錯的治安。也許，在這堪稱火藥庫的中東地區保持「中立」的政治態度，是約旦獨特且唯一可行的生存方式。約旦也較其他阿拉伯國家能夠包容不同的宗教；就連女性也比其他阿拉伯世界享有較多的人權，最起碼可以允許女性開車。不過，自超市出來後，我捧著一大把銅板不知如何是好（約旦的幣值約是零點七磅換一塊美元）；特殊的是保留了小數點之後的三位數字（角、分、厘）；而且銅板上沒有阿拉伯「數」字（好奇怪哦！不是他們民族引以為傲的發明之一嗎？），只有阿拉伯「文」字。

約旦人嗜甜，自助餐的甜點超多，愛吃甜的人下一世可以考慮做約旦人。他們在餐前布置的前菜以大大小小的盤子擺滿了一桌，色澤鮮豔，酸、甜、辣皆有，而且全是素的。一向貪吃的我，每每被這些前菜繞花了眼，很想每樣都嚐一嚐，卻沒那麼大的肚子。也許，鬧肚子就是抵檔不住這些前菜的「現世報」。除了一、二十道前菜，接著下來有沙拉（前菜已經有了呀！）、焗、烤、煮……的熱菜，完了還有甜點、咖啡（或是茶）。這種陣仗，如果是平時正常的腸胃，我想一天增加一公斤應該是不費吹灰之力就可輕易達成。對了！還忘了提到各式不同的麵包與餅哩！

師父在籌備會議之中直陳，之所以考慮在約旦舉行預定在二〇〇五年九月舉行的青年高峰會議，就是看中約旦是中東最和平也最穩定的國家，如果會議在此召開，對中東地區與全世界的宗教和平都有最直接的影響。坐在會議桌旁聽的二位約旦外交部官員對師父的發言回以激動的掌聲；當然，與會的代表們也以鼓掌表達了對師父的支持。

重頭戲上演

九日晚上，約旦王子 Raad Bin Zeid 代表約旦王室宴請與會代表。王子央求師父為他取一個中文名字，師父用音譯替他取名為羅賓傑，他高興的有如孩子，其實羅賓傑已經有七十二歲了。

師父在致詞時陳述，人類如果只知道驕傲與仇恨，必然會帶來戰爭與災難；如果是以謙虛與平等的愛來待人處事，就必能換來和平。羅賓傑站起來為師父鼓掌，並親自為師父拉開座椅，請師父就座。

這頓飯是自晚上七點開始的，一直吃到十點半還欲罷不能；

師父在去洗手間的路上說：「好累、好睏，好想溜哦！」我說：「拜託師父快溜，否則我們也不敢腳底抹油哇！」回座後的師父沒有猶豫，跟主人與賓客們致歉道，實在是行程太趕還沒有好好休息，所以得先行告退了；羅賓傑趕緊起立，在座者也紛紛站起，向師父致意。於是，我們終於可以沾師父的光，提前回房向床鋪請安了。

肚子不適應該是不錯的藉口，我一回房就打電話向常濟法師報告，次日不吃早飯，心裡想的則是可以多睡一個小時。可是，上午七點半，常濟法師來電說師父要我們過去開會。我與阿良連滾帶爬地起床，衝向洗手間漱洗；到了師父房間，師父已在椅子上打坐，看來是等候甚久。

師父將一干事務交待清楚之後，一拍手說：「走！吃早飯去！」我不敢多吭一聲，乖乖跟著下樓，而且，又吃了三大盤外加二杯咖啡。(阿彌陀佛！我可憐的腸胃又被我那不可克制的食欲打敗了。)

十日又是一上午的會議。下午，約旦外交部安排，帶著世理會的成員們考察安曼市內的各個大型集會場所；這還不算，又趕在黃昏前拉著我們去死海邊上勘查最著名的美景——落日餘暉。這一天，我們記住了前一天的教訓——沒有帶傘為師父遮陽，向飯店借了把不錯的日製折傘;但是,媽媽咪呀!傘一打開,不但不成傘形,還無法完全撐開來!看來可能是假的日本貨!可憐的師父又要承受太陽的淫威了。不過,師父反而安慰我:「還好啦!這裡濕度不高,不覺得太熱。」我則慚愧地無地自容,心想,這哪算個稱職的護法?如果讓國內的師兄姊知道,一定要在我腦袋上狠狠敲幾下不可!

感謝飛機誤點

十日的晚宴,師父辭退了。我們返回飯店已快八點,師父吃完晚飯,本想略事休息,但世理會的事務人員又來請求師父為他們做更詳盡的指示,師父能說不行嗎?所以,師父沒有瞇上一秒鐘的眼睛,到了十一點之前便不得不匆匆退房,直奔機場,飛機是零時五十五分飛曼谷。

到了機場才得知,飛機誤了二小時。我們辦完複雜的海關手續已經是午夜一時。師父說,好險!如果飛機沒有誤點的話,我們也許要送飛機了!二點過後我們的飛機終於起飛,我什麼都不顧,餐飲全謝了,兩眼重得像掛了鉛塊,立即沉沉睡去。這對一向很難在飛機上睡覺的我來說,可說是難得的一次奇蹟。

行行復行行！哦！應該是飛飛復飛飛！在曼谷機場等了三小時（如果不誤點就要等五小時）轉上飛台北的飛機；到了台北，出了海關，送師父上車，坐上計程車，終於躺在家中的床上時，已是午夜一點。

想想，明年九月還要去約旦，雖然來回的時日會長些，但坐飛機的時間實在有點教人怕怕！……不過，常濟法師在曼谷轉機時曾說過，明年如果再去，可不能再讓師父如此折騰了！有了常濟法師這句話，我似乎可以安心下來了，對不對？

後記：隨行中的小插曲

去程在曼谷轉機時，貴賓廳櫃檯的美麗小姐不讓師父的侍者——果耀法師陪同進去，我差點不敢相信自己的眼睛與耳朵！這是個佛教國家不是嗎？怎可不禮遇法師？更何況，在國外跑過的人都知道，櫃檯小姐是可以在她們的職權範圍內做某種程度的通融的！我們在新加坡、澳洲都是一窩人跟著師父進出貴賓室的啊！

常濟法師以英文做了很久的溝通，並強調年歲已大的師父需要侍者在旁照顧，小姐還是不點頭，眼看師父就站在一邊，其他的客人不停地進進出出，我的一口氣終於憋不住了，就用我的破英文說：「妳（櫃台小姐）不是不行，而是不願意罷了！」她以航空公司要另外付費做理由，我問要多少費用？她說一人五十美元，我火速掏出一百美金扔給她，指著果耀法師與常濟法師說，他們倆位一同進去！師父什麼都沒說，只是看著我。

一個半小時之後，我與阿良如約到貴賓室門口與師父、法師會合登機。師父跟我說，一個人只要十五元美金，不是五十，我有點糗，怎麼連十五與五十都分不清？真是有夠「菜」！師父又問，就算是五十你也願意付啊？我回道，出門在外，只要能用錢解決的事情就可以付，師父笑了笑，指了指我，但沒說什麼。

事實上常濟法師也說，泰國朱拉隆功大學教務長與數位僧人一同進入貴賓室看師父，櫃檯小姐還站了起來歡迎，他們連一張貴賓卡都沒有。回程時，同樣是曼谷，有了泰國僧侶為伴，我們所有的人不也都進了貴賓室，同樣也是只有師父一人有貴賓卡呀！

心情點滴

約旦

做為師父的侍者，我是遠遠不及格的。

約旦的太陽很大，墨鏡是一定要戴，帽子當然最好是備著。

與師父一同去參觀考古博物館與神廟遺址當日，我沒有忘記自己的墨鏡，但卻忘了替師父向飯店借一把傘了。

烈日下，師父走出博物館，迎向神廟遺址之時，我心想完了！這麼大的太陽，舉目神廟四周，沒有一個得以遮陽的空間。慌亂中，我把隨手拿著的記事本擋在師父的頭頂，但一來記事本不夠大，根本擋不住烈日的炙烤，二來師父的腳步跨得很大，我手忙腳亂的也跟不上師父的步伐，到最後，我只能放棄。

師父頂著烈日走向神廟的巍峨石柱下，供阿良攝影；我趕緊祈禱師父能夠站立在石柱投射的陰影下；但隨之一想，不行啊！如果這樣，師父的臉就看不真切啦！好在師父為了「不一樣的聲音」節目還是犧牲到底了——他一直佇立於陽光下。

因為心虛，還沒等到阿良拍個過癮，我就喊「卡」，火速央求隨行的駕駛把師父送回飯店。我的心中一直打鼓，萬一師父被曬至中暑，我就真的完蛋了。

第二天，自以為借到傘，可以做好侍者工作，替師父遮陽了，但偏偏忘記即時檢查，以致到了參觀現場，準備撐傘了，才發現黑傘根本是壞的，只勉強張開一半，完全派不上用場。也許我的動作很蠢，表情很糗，隨行的人員都投我以同情的眼光。雖然師父一點都沒有責備我，但我的懊惱與羞愧可是永誌不忘。

於是，我深切體會到，缺乏「職前訓練」的我，實在有愧於擔當侍者這個重責大任。

我終於開始認真觀察師父的侍者——果耀法師與果宜法師的動作：倒開水時注意水溫，不可太燙；打給師父的毛巾是如何折疊；下雨時要遞出雨靴；天冷時要加件外套或毛衣；該吃藥的時間得盯住師父；隨身必備的眼藥水是否記得；老花眼鏡有沒有帶錯……。

我心中暗暗唸了聲阿彌陀佛！雖然都是一些日常的瑣事，但我沒有一樣放在心上過啊！

下一次，如果再在國外充當師父的侍者，如果再出現什麼差錯，但願師父能夠連本帶利的修理我才好！

國家圖書館出版品預行編目資料

阿斗隨師遊天下／張光斗作；江長芳插畫．　--
初版．-- 臺北市：　法鼓文化，2001［民90］
冊：　　公分．--　（琉璃文學　；5，7-）
ISBN 957-598-188-X（平裝）　— ISBN 957-598-319-X（第2冊：平裝附光碟片）

224.517　　　　　　90013704

琉璃文學 7

阿斗隨師遊天下 2

法鼓文化

著者／張光斗
繪者／江長芳
出版者／法鼓文化事業股份有限公司
總編輯／釋果毅
主編／陳重光
責任編輯／陳明明
美術編輯／B1 事務所
地址／台北市北投區公館路186號5樓
電話／(02)2893-4646　傳真／(02)2896-0731
網址／http://www.ddc.com.tw
E-mail／market@ddc.com.tw
讀者服務專線／(02)2896-1600
初版一刷／2005年 3 月
初版二刷／2006年10月
建議售價／新台幣300元
郵撥帳號／1877236-6　戶名／法鼓文化
登記證／行政院新聞局局版北市業字第176號
北美經銷處／紐約東初禪寺
Chan Meditation Center(New York,U.S.A.)
Tel／(718)592-6593 Fax ／(718)592-0717
農禪寺電話／(02)2893-3161